MIND SETS

CB135845

CÓPIA NÃO AUTORIZADA É CRIME
ABDR
ASSOCIAÇÃO BRASILEIRA DE DIREITOS REPROGRÁFICOS
RESPEITE O DIREITO AUTORAL

Dados Internacionais de Catalogação na Publicação (CIP)
(Câmara Brasileira do Livro, SP, Brasil)

George, Mike
Mindsets : altere suas percepções, crie novas perspectivas e mude seu modo de pensar / Mike George; tradução de Jacqueline Valpassos. – Petrópolis, RJ : Vozes, 2017.

Título original : Mindsets : change your perceptions create new perspectives and cultivate greater clarity.

3ª reimpressão, 2019.

ISBN 978-85-326-5463-2

1. Atitude (Psicologia) 2. Equilíbrio (Psicologia) 3. Mentalidade positiva 4. Mudanças (Psicologia) 5. Valores I. Título.

17-03084 CDD-158.1

Índices para catálogo sistemático:
1. Reprogramação mental : Equílíbrio : Vida pessoal : Psicologia aplicada 158.1

Mike George

MIND SETS

Altere suas percepções,
crie novas perspectivas e
mude seu modo de pensar

Tradução de Jacqueline Valpassos

EDITORA
VOZES

Petrópolis

Título do original em inglês: *Mindsets – Change Your Perceptions Create New Perspectives and Cultivate Greater Clarity.*

Direitos de publicação em língua portuguesa – Brasil:
© 2017, Editora Vozes Ltda.
Rua Frei Luís, 100
25689-900 Petrópolis, RJ
www.vozes.com.br
Brasil

Todos os direitos reservados. Nenhuma parte desta obra poderá ser reproduzida ou transmitida por qualquer forma e/ou quaisquer meios (eletrônico ou mecânico, incluindo fotocópia e gravação) ou arquivada em qualquer sistema ou banco de dados sem permissão escrita da editora.

CONSELHO EDITORIAL

Diretor
Gilberto Gonçalves Garcia

Editores
Aline dos Santos Carneiro
Edrian Josué Pasini
Marilac Loraine Oleniki
Welder Lancieri Marchini

Conselheiros
Francisco Morás
Ludovico Garmus
Teobaldo Heidemann
Volney J. Berkenbrock

Secretário executivo
João Batista Kreuch

Editoração: Gleisse Dias dos Reis Chies
Diagramação: Sheilandre Desenv. Gráfico
Revisão gráfica: Nilton Braz da Rocha
Capa: Cumbuca Studio
Ilustração de capa: ©Theo Guedes

ISBN 978-85-326-5463-2 (Brasil)
ISBN 978-0-9576673-7-2 (Inglaterra)

Editado conforme o novo acordo ortográfico.

Este livro foi composto e impresso pela Editora Vozes Ltda.

DEDICATÓRIA

A você que vira e mexe se pega pensando: "eu não posso", "eu não consigo" ou "eu não sei", lembre-se sempre de acrescentar uma palavra: AINDA!

Esse "AINDA" abre o espaço entre aqui e lá, entre agora e o momento em que você poderá, conseguirá e saberá.

Mas antes de você tentar preencher esse espaço com a busca de fórmulas mágicas, com a memorização de mais informação, com o domínio da técnica, com o esforço da aprendizagem, lembre-se disto:

> A vida não acontece de fora para dentro, mas, sim, de dentro para fora. Tudo – do amor à sabedoria, da confiança à felicidade, da realização à amizade – acontece naturalmente quando você não deixa a sua mentalidade ser moldada por opiniões incutidas pelos outros e é capaz de enxergar e perceber o que é verdadeiro para si mesmo.

Apresento aqui uma série de "placas de sinalização" que apontam para o que você já sabe, mas, infelizmente, esqueceu!

Não "acredite" pura e simplesmente no que você ler! Em vez disso, procure usar as inspirações e as ideias proporcionadas pela leitura para promover reflexões e o (re)despertar interior do que é "verdadeiro" para você!

Que você possa lembrar com facilidade o que foi esquecido e tornar O AINDA obsoleto!

SUMÁRIO

MUDE SUAS PERCEPÇÕES

Sua percepção é a sua realidade. Conforme você percebe, você cria. Conforme você cria, você irá projetar. Conforme nós projetamos juntos, nós criamos o mundo... juntos! Sendo assim, o "exterior" nada mais é do que a manifestação do "interior". Conforme for a sua percepção da situação do mundo exterior, assim também você "enxergará" a atual situação do seu ser, que é você!

CRIE NOVAS PERSPECTIVAS

O seu "ponto de vista" é uma perspectiva particular e única. Se você mudar o seu "ponto de vista", sua perspectiva também vai mudar. Por essa razão, no universo da troca de ideias, nenhuma perspectiva é em si mesma certa ou errada, absolutamente verdadeira ou absolutamente falsa. Acontece que algumas perspectivas são sempre mais "precisas" do que outras! Precisão é a base de uma vida bem-vivida. Busque a precisão!

CULTIVE MAIOR CLAREZA

Tudo aquilo a que você se aferra ou de que se torna dependente sempre irá ofuscar a sua visão e distorcer suas decisões. Só quando você for verdadeiramente livre em seu interior é que poderá "enxergar" de forma clara e "discernir" com precisão. Só então sua mente irá refletir essa clareza e seus pensamentos começarão a dar forma a essa clareza. Pensar com clareza é quase não pensar, se comparado ao caos mental e à confusão dentro da mente de um indivíduo que não é livre! Busque a verdadeira liberdade!

O QUE HÁ NA SUA MENTALIDADE?

Sua MENTALIDADE vai ditar suas decisões hoje e moldar o seu destino amanhã. Sua MENTALIDADE vai definir a quantidade e a qualidade de todos os seus relacionamentos. Seus pensamentos e sentimentos não mais serão produto do comportamento de outras pessoas, de onde você está no mundo ou do que está acontecendo no mundo; você vai pensar e sentir inteiramente de acordo com a sua própria MENTALIDADE!

MENTALIDADE é basicamente uma crença ou um sistema de crenças. Conforme filtramos tudo através de nossas crenças criamos **percepções** e **pensamentos** que mais tarde moldarão nossas decisões, sentimentos e comportamentos. Formamos nossa MENTALIDADE em três níveis: conforme criamos e mantemos crenças sobre o mundo, sobre os outros e sobre nós mesmos.

As crenças "configuram" a mente conforme moldam a percepção e a perspectiva! Entretanto, a maioria de nossas crenças não produz clareza de visão ou precisão de pensamento; geralmente elas são o nevoeiro que nos impede de enxergar a realidade!

Sua MENTALIDADE sobre o mundo

Por exemplo, se você "acreditar" que o mundo é um lugar sombrio e perigoso, terá a tendência de perceber/interpretar os acontecimentos normalmente como uma ameaça, gerar medo na forma de ansiedade, criar o hábito de se tornar defensivo ou agressivo e, no geral, viver uma vida infeliz e insegura. No entanto, se você "acreditar" que o mundo é um parquinho de crianças, então irá perceber as situações e circunstâncias como uma oportunidade para brincar. Você exercitará e concentrará suas habilidades criativas de forma proativa e, em geral, será capaz de manter um estado de espírito estável e feliz.

Sua MENTALIDADE sobre as outras pessoas

Se você "acreditar", como sugeriu certa vez Jean-Paul Sartre, que "o inferno são os outros" (ou outra pessoa!), então irá perceber muitos, se não a maioria, de seus relacionamentos como tendo de ser tolerados e suportados. Sua energia perto das pessoas tenderá a ser sombria e deprimente, e você irá gerar frequentemente sentimentos de amargura e receio. Por outro lado, se você acreditar que todas as relações são um processo dinâmico, de ser enriquecido e enriquecer os outros, que cada relacionamento é uma oportunidade para "ser criativo", sentirá entusiasmo de se envolver com quase todos aqueles com quem se conectar.

Sua MENTALIDADE sobre... você!

Se você "acreditar" que não tem valor e que não pode mudar a sua personalidade, nem aprender novas habilidades ou desenvolver novos talentos, há uma boa chance de que comece a "perceber" a sua vida como um desperdício sem sentido de tempo e energia. É provável que desesperança e impotência sejam visitantes frequentes à medida que você for desistindo com facilidade de qualquer empreitada que exija um entusiasmo significativo para seguir adiante.

Por outro lado, se você "acreditar" que não há nada que você não possa aprender e fazer, que você pode mudar a sua personalidade e criar muitos novos atributos dentro de seu caráter, entusiasticamente irá encontrar maneiras de melhorar, aperfeiçoar, desenvolver, aprender, desaprender e expandir o seu... eu!

Todos nós podemos "conhecer" a MENTALIDADE que criamos e carregamos dentro de nossa consciência. Mas parece que poucos fazem esse tipo de "investigação interna". Poucos refletem com profundidade suficiente para enxergar e compreender as crenças que compõem a MENTALIDADE que pode estar sabotando sua vida. É por isso que tão poucas pessoas realmente mudam sua vida qualitativamente, que tão poucas aprimoram as suas capacidades pessoais, que tão poucas se empenham em encontrar novas maneiras de se sentirem vivas e "de viverem pra valer".

Muito arraigados

Muitas abordagens de treinamento, desenvolvimento pessoal e *coaching* não funcionam com profundidade significativa porque hábitos antigos, baseados em MENTALIDADES antigas, baseados em crenças incorretas, estão muito arraigados na consciência. Atitudes e comportamentos, e seus consequentes resultados, só mudam quando a sua MENTALIDADE muda. Isso significa tornar-se consciente das crenças que você tenha assimilado e criado, e então desafiar essas crenças e conscientemente alterá-las por meio de um processo de percepção, ou seja, você se dar conta de quais crenças são a base de suas ilusões e desilusões e quais simplesmente não são "verdadeiras"!

As crenças mais profundas e influentes que todos nós possuímos e que nos levam a "perder o rumo" são as crenças sobre o nosso "eu"! Nesse nível, NENHUMA dessas crenças é verdadeira! Não existem métodos ou técnicas para alcançar esse (re)despertar da consciência do verdadeiro, autêntico e real eu: o eu que é anterior a todas as crenças aprendidas. A aprendizagem é, portanto, quase irrelevante, e "desaprender" é a única maneira de "induzir" a autopercepção e restaurar a clareza, o que, por conseguinte, capacita naturalmente o indivíduo, de dentro para fora, a fazer mudanças significativas em suas atitudes e comportamentos!

Há duas maneiras de induzir o tipo de percepção que irá alterar as suas crenças e sistema de crenças: meditação e contemplação. A meditação dá acesso aos estados mais profundos da consciência, nos quais sempre encontra sua paz, o que por sua vez permite que você gere uma "compreensão" mais verdadeira e mais profunda. Da meditação surgem "vislumbres" de autopercepção. Você se dá conta exatamente de quais velhas crenças são apenas isso mesmo, "velhas crenças", e por que muitas delas simplesmente não são verdadeiras!

A outra prática, sendo que o ideal é cultivá-la em paralelo com algum tipo de prática de meditação, é a "contemplação". Isso significa explorar percepções diferentes, mais sábias e mais claras de como o mundo funciona, como fazer os relacionamentos funcionarem e por que "você" não está pensando e nem se sentindo muito bem em seu íntimo! Contemplar o conhecimento intuitivo e a sabedoria dos outros, junto com suas próprias *inspiriências** pessoais, permite que você redescubra as verdades mais profundas que já existem dentro de sua consciência, dentro de VOCÊ!

Você já sabe tudo o que precisa saber para mudar e descobrir seu pleno potencial. Tudo o que precisa fazer é "desaprender" o que está atrapalhando, que geralmente é o que você "acredita" que sabe!

Só você pode fazer isso!

O objetivo deste livro é oferecer-lhe uma série de reflexões que podem ajudá-lo a ver de um ângulo diferente, enxergar com maior precisão e clareza, perceber as verdades mais profundas que podem lhe permitir viver com mais liberdade, alegria e poder. Ninguém pode alterar a sua MENTALIDADE. Ninguém pode fazer você mudar as suas crenças. Ninguém pode criar decisões por você. Ninguém pode alterar a sua atitude ou o seu comportamento. Parece óbvio dizer isso, mas a maioria de nós está às voltas com a "crença" de que podemos mudar crenças, atitudes e comportamentos dos outros e, portanto, que os outros podem mudar os nossos. Mas isso simplesmente não é "verdade". Todos nós somos 100% responsáveis por tudo o que ocorre dentro de nossa consciência. E tudo o que pensamos, sentimos e fazemos também começa dentro de nossa consciência, dentro de VOCÊ!

---

* *Inspirience*, no original, é um neologismo criado pelo autor contraindo duas palavras: *inspiring* (inspirador) e *experience* (experiência/experimentar) [N.T.].

Mas você pode ser "influenciado". Pode ser auxiliado, guiado, treinado! E você pode "influenciar" os outros. Mas influenciar não é controlar!

Nos últimos dez anos, meus textos e artigos on-line sobre o modo como pensamos têm circulado com periodicidade mensal no mundo todo para pessoas profundamente interessadas em cultivar uma maior clareza sobre a MENTALIDADE necessária para levar a sua vida no dia a dia com menos estresse e mais alegria.

Sendo eu extrema e profundamente interessado no significado da vida e em como vivê-la de forma plena, passei os últimos 33 anos "pesquisando" dentro e fora de mim. Uma forma que encontrei para criar, conservar e aumentar a clareza em mim mesmo é escrever e compartilhar o que vou enxergando e percebendo. Sim, eu tenho sido guiado pelas sábias palavras de muitas pessoas, por suas "*inspiriências*", pelas interações fáceis ou difíceis com os outros, mas eu compartilho principalmente o que ocorreu dentro de mim como resultado das minhas próprias práticas de meditação, contemplação e aplicação.

Uma das primeiras recomendações que eu costumo dar para quem estou treinando é escrever alguma coisa todos os dias sobre o que está acontecendo dentro dela. Como nos recorda aquele velho ditado: "Como eu sei que sei até ouvir o que tenho a dizer". Todos nós temos uma profunda fonte de sabedoria em nosso âmago. Nós já sabemos o que é real e o que é irreal, o que é verdadeiro e o que é falso, o que é preciso e o que é impreciso – o caso é que nós apenas nos esquecemos de COMO olhar para dentro de nós mesmos, de ver claramente e então interpretar com precisão o que encontramos em nosso íntimo e, assim, reconhecer o que é verdadeiro e real.

O propósito deste livro, uma seleção de alguns dos mais esclarecedores textos sobre *CLEAR THINKING* (pensar de forma límpida e clara), é fornecer-lhe algumas placas de sinalização sobre onde e como olhar, como ser mais consciente do que está ocorrendo dentro de você, junto com algumas diferentes interpretações do que está realmente acontecendo no mundo dos nossos relacionamentos. Reunidos, tais textos pretendem fornecer-lhe algumas pistas e sinais sobre como desafiar suas próprias crenças, alterar suas percepções e remodelar seus pontos de vista, de modo que uma maior clareza possa prevalecer enquanto você "decide" como viver sua vida. À medida que você vai fazendo esse trabalho interior, aos poucos irá notar uma mudança natural e significativa em sua MENTALIDADE.

E quando a sua MENTALIDADE muda, muda quase tudo.

Como sempre, se algo não estiver claro, sinta-se à vontade para entrar em contato pelo e-mail mike@relax7.com

VOCÊ JÁ DESCOBRIU O VERDADEIRO PERDÃO

Há uma enorme diferença entre um corpo ferido e sentimentos feridos. Alguém ou alguma coisa pode fazer você sentir dor física, mas ninguém pode causar-lhe sofrimento emocional... se você assim decidir! No entanto, parece que poucos de nós aprendemos a fazer uma distinção clara entre dor física e sofrimento emocional. Como diz o velho ditado, *dor é obrigatória, mas o sofrimento é opcional.* A menos que seja crônica, a "dor física" é geralmente um evento não recorrente, que desaparece depois de determinado tempo. Mas o "sofrimento emocional" costuma ficar mais tempo.

Paus e pedras

Nossos sentimentos normalmente são "feridos" quando alguém diz algo sobre nós, para nós, ou se comporta mal conosco. Esses sentimentos podem permanecer por um longo tempo, dependendo de quanto revivemos a experiência em nossa mente. E, no entanto, se rememorarmos os tempos de escola, podemos lembrar a canção que costumávamos cantar no pátio do recreio: "Paus e pedras podem quebrar meus ossos, mas palavras jamais me atingirão!" Podíamos nos ofender de formas horríveis e zombar uns dos outros sem piedade e, no entanto, logo em seguida, brincávamos juntos como se nada tivesse sido dito. Infelizmente, à medida que crescemos, temos a tendência de nos tornarmos cada vez mais sensíveis quanto ao que as outras pessoas dizem para nós e sobre nós. De repente, começamos a tomar as coisas como pessoais e somos facilmente ofendidos. Por quê? Criamos um ego.

À medida que crescemos, desenvolvemos o nosso ego, que é basicamente uma imagem de nós mesmos que criamos em nossa mente. Nós nos apegamos a essa imagem e ela se torna a nossa identidade sutil. Se as pessoas dizem ou fazem qualquer coisa que contradiz essa imagem ficamos ofendidos e criamos o que chamamos de "sentimentos feridos" ou, mais precisamente, sentimentos de mágoa. Nós infligimos sofrimento emocional a nós mesmos.

Da infância até a idade adulta, gradualmente, nós nos tornamos mais sensíveis, e ninguém nos ensina o princípio básico que pode começar a nos libertar do nosso sofrimento autocriado. Parece algo mais ou menos assim: "Ninguém pode me ferir, mas eu posso usar você para ferir a mim mesmo".

Distinção clara

Estamos, é claro, falando sobre nossas emoções, e não sobre o nosso corpo. Quando alguém fere o seu corpo não fere você, fere o seu corpo. Você sente a dor física quando o corpo envia os sinais apropriados para o cérebro. Mas os sentimentos de mágoa, ou seja, o "sofrimento emocional", é sempre uma escolha. Podemos optar por esquecer instantaneamente a dor física e sua causa se quisermos, ou podemos continuar rememorando e nutrindo raiva e/ou ressentimento em relação à pessoa que nos causou a dor física. É uma escolha, mas só se conseguirmos perceber a escolha. E parece que muitos não conseguem, simplesmente porque ninguém nos ensina a ter consciência das emoções que criamos e sentimos. Ninguém nos ensina a fazer a distinção entre dor física e sofrimento emocional. Pouquíssimos de nós aprendem que somos inteiramente responsáveis por nosso estado emocional o tempo todo. Perceber que você é o criador de seus sentimentos (as emoções que você sente) e que pode, portanto, os escolher, é um dos passos mais importantes no (re)fortalecimento de si mesmo e na arte de ser o mestre de sua própria vida.

Para a maioria de nós, há sete ocorrências frequentes, capazes de nos provocar sofrimento emocional (o que chamamos de sentimentos feridos). É quando as pessoas nos insultam, fofocam sobre nós, nos ignoram, nos rejeitam, nos traem, nos enganam ou nos decepcionam. São os comportamentos que podem "disparar" nossa crença de que fomos feridos, mas eles nunca "causam", de fato, nossos sentimentos feridos. Eis aqui o porquê.

Você me REJEITOU!

Nós nos sentimos rejeitados quando interpretamos atitudes e comportamentos dos outros em relação a nós como não aceitação. Se isso acontece com bastante frequência, começamos a buscar por evidências de rejeição praticamente assim que conhecemos alguém. A crença de que somos "rejeitáveis", que por algum motivo não somos dignos da aceitação dos outros, está instaurada. Se nos dói emocionalmente, se nos sentimos magoados pela aparente rejeição dos outros, isso significa que estamos entrando no relacionamento num estado de carência. É a necessidade de sermos aceitos e aprovados pelos outros que está na base dos sentimentos feridos. É essa carência o que normalmente se encontra por trás da insegurança que podemos sentir num relacionamento qualquer. Se pudermos nos libertar da necessidade de conseguir a aceitação e aprovação dos outros, provavelmente nunca "decidiremos" nos sentir magoados com a atitude dos outros em relação a nós, mesmo que ela seja de patente rejeição. Isso não é tão fácil em um mundo onde a maioria de nós é ensinada a construir o nosso senso de individualidade com base na forma como os outros nos veem e agem em relação a nós.

Você me IGNOROU!

Às vezes, parece que não há nada pior do que ser ignorado pelo outro. Pior ainda se for por um grupo de "outros"! Na rejeição pelo menos há algum envolvimento, algum reconhecimento da nossa presença e existência! Podemos viver sem o reconhecimento do outro? Podemos sobreviver sendo ignorados? Bem, é o que costumamos fazer. Mas é emocionalmente doloroso, porque nós somos dependentes do reconhecimento dos outros para nos dar a sensação de que existimos e que temos valor. Talvez, a única maneira de nos livrarmos desse tipo de carência é afirmarmos a nossa própria existência e encontrarmos formas de tornar nossa individualidade valiosa para "diferentes outros". Ter valor para os outros é o contexto no qual nós criamos a consciência de nosso próprio valor, nosso próprio mérito. E quando "sabemos" o nosso valor, que é também um dos fundamentos mais profundos da autoconfiança, a nossa carência se dissolve. Então, se alguém nos ignorar, tudo bem! Sabemos o nosso valor! Além disso, quem sabe por que razão "eles" fazem o que fazem? É a escolha deles! Pode ser apenas uma expressão da crença deles em sua própria falta de autoestima!

Você me ENGANOU!

É difícil superar o sentimento de ofensa quando se descobre que alguém mentiu para você, quando você sabe que foi feito de "trouxa", quando você acredita ter sido enganado. Nós esperamos que os outros, especialmente aqueles próximos de nós, sejam honestos, francos e... corretos! Portanto, não ficamos apenas surpresos quando somos enganados, nós encaramos isso como algo pessoal, e começamos a sentir-nos magoados com o outro.

Às vezes, é uma mágoa que iremos carregar por muitos anos. Mas não é a desonestidade dos outros o que nos fere, é a expectativa que temos deles. É a noção de que somos dignos do melhor comportamento, da honestidade e do respeito por parte "dos outros" que é a causa subjacente de nosso sentimento ofendido. Então, nós nos perturbamos quando os outros se comportam de um jeito que não esperamos, de uma forma que não reconhece e afirma a imagem que temos de nós mesmos, ou seja: como alguém merecedor da honestidade, respeito e franqueza dos outros.

Então, nós nos perturbamos quando os outros se comportam de um jeito que não esperamos.

A única maneira de nos libertarmos da mágoa é procurar entender os outros. Ao descobrirmos por que eles parecem ter nos enganado, geralmente descobrimos também que não tem nada a ver "conosco", e mais a ver com uma falha do caráter deles, medo de revelar alguma coisa, uma tentativa de evitar ser exposto, uma estratégia para esconder algo de nós. Nós provavelmente descobriremos que eles estão, de certa forma, temerosos! Somente a nossa compreensão do outro pode nos dar o ímpeto interior para transformar nossa dor e reprovação em compreensão e compaixão.

Em última análise, a forma mais profunda de você se livrar do que chamamos de "sentimentos feridos", em quase todos os casos, é baixar suas expectativas em relação ao outro. Mas se isso for pedir muito, então, talvez, você possa começar separando sua felicidade de ter suas expectativas atendidas. Você consegue passar um dia inteiro sem ter expectativas? Você pode pôr de lado todas as expectativas em relação aos outros, e ainda sentir-se contente em seu íntimo?

Você está espalhando FOFOCAS sobre mim!

Vivemos na era da fofoca. A mídia tem gerado suas muitas crias numa variedade de redes sociais, e elas gostam de nos manter ocupados! As redes sociais nos dão acesso às vidas de outras pessoas e uma oportunidade de interpretar, comentar e inventar histórias sobre as atividades dos outros. Isso nos dá o poder de construir uma reputação e projetar essa reputação a centenas de milhares de pessoas quase que instantaneamente. É assim que nos tornarmos "dependentes da reputação"! Queremos que os outros nos vejam e pensem a nosso respeito de uma determinada maneira, em geral como uma boa pessoa (no mínimo) ou quem sabe até como uma grande pessoa (no máximo!). Para não dizer uma pessoa bonita também! Nós nos tornamos, então, dependentes da afirmação dos outros sobre a nossa bondade, do reconhecimento da nossa beleza, se não da nossa grandeza!

Queremos ser reconhecidos e nos tornamos dependentes de outras pessoas pela forma como nos enxergamos e nos sentimos sobre a nossa individualidade. Não é de admirar que isso nos torne supersensíveis ao que os outros estão dizendo sobre nós. Ou mesmo ao que NÃO estão dizendo! E é de admirar ainda menos quando nos tornamos facilmente feridos pelo menor insulto ao nosso caráter. Às vezes, a simples falta de admiração (Quantos *likes* eu recebi hoje?) é suficiente para nos fazer sentir um pouquinho... feridos!

Às vezes, nos deparamos com uma pessoa que não liga a mínima para o que os outros pensam dela. No entanto, ela não deixa de ser alguém caloroso e sensível na convivência. Podemos dizer que gente assim tem sangue de barata. No fundo, no entanto, provavelmente apreciamos, respeitamos e até admiramos a capacidade que tais pessoas têm de permanecerem imperturbáveis pelos julgamentos, histórias e até mesmo calúnias que outros podem espalhar sobre elas. Parecem ser livres em seu íntimo. Não são dependentes de outras pessoas para saber como se enxergam e sentem sobre si mesmas. São espíritos interiormente livres!

Você me decepcionou!

"Você me decepcionou. Estou tão desapontado com você!" Ambas as afirmações são código para: "Você me fez sofrer"! É uma das ilusões mais prevalecentes da sociedade moderna. Muitas vezes, é também a primeira coisa a ser dita no processo de "chantagem emocional"! Essas trocas geralmente começam em algum ponto na infância, na relação entre pais e filhos. Nesses momentos, aprendemos que somos responsáveis pelos sentimentos dos outros e, portanto, os outros são responsáveis por nossos sentimentos. São lições fatais. Elas vão garantir uma vida de infelicidade, fruto de depender de outras pessoas para sentirmos ou não o que se passa em nosso íntimo. A única maneira de nos libertarmos é perceber que ninguém é responsável por aquilo que sentimos; ninguém tem a capacidade de decepcionar você! É você que se decepciona, que se sente por baixo. E "por baixo" normalmente significa que você se põe para "baixo" deixando um estado de felicidade ou contentamento por um estado de tristeza ou agitação... mesmo quando os "outros" só estão cinco minutos atrasados!

A única maneira de nos libertarmos é perceber que ninguém é responsável por aquilo que sentimos; ninguém tem a capacidade de decepcionar* VOCÊ*!

Às vezes, qualquer coisinha parece deixar você "pra baixo". Imagine uma vida na qual, independentemente do que os outros fazem ou do que alguém diz, você não possa ser "decepcionado". Dá para você imaginar a liberdade, a estabilidade, a satisfação que isso lhe traria e, ao mesmo tempo, a capacidade consistente que você teria de "estar presente" para os outros, não importa o que eles fizessem, o quanto estivessem "atrasados" ou fossem "negligentes"? Não é isso que às vezes chamamos de amor incondicional? Não é essa a marca de um verdadeiro líder?

Você me INSULTOU!

"Fiquei muito ofendido quando eles me disseram isso. Foi um enorme insulto quando disseram isso a você. Eu não me sinto ofendido apenas por mim, mas por você também!" Bem, talvez não digamos exatamente isso, mas nós, de fato, nos indignamos e criamos a sensação de termos sido insultados, mesmo quando os insultados são os outros e a ofensa não foi dirigida a nós. É como se nós nos identificássemos com o sofrimento dos outros e nos uníssemos a eles, garantindo que soframos juntos. Algumas pessoas irão se lembrar de um insulto pelo resto de suas vidas sem se dar conta de que a memória os torna tão prisioneiros quanto as celas mais eficazes! Eles se trancam na lembrança das imagens e sentimentos daquele determinado momento de dor emocional. Então, quem sabe eles acabem percebendo um dia que não foram eles os insultados, mas a imagem que têm de si é que estava em contradição com o que foi dito. Eles podem perceber que sua "individualidade", o seu "eu" que diz "eu sou" não tem imagem alguma. O "eu" cria imagens na mente, mas não tem qualquer imagem de si mesmo! Isso nos leva ao campo espiritual, e é por isso que esse é provavelmente o nível mais profundo de liberdade que um ser humano pode "perceber". E quando nós vivemos de verdade nesse espaço livre, interior, simplesmente não importa o que alguém possa nos dizer, pois não terá efeito algum. E nós certamente não iremos dizer: "Você acaba de ferir meus sentimentos". Além disso, pessoas que andam por aí insultando os outros também devem estar sofrendo por dentro. Então, usar de compaixão para com elas não apenas garante que nós não nos abatamos emocionalmente, como também pode ser uma dádiva para elas!

Você me TRAIU!

"Mas você prometeu! Você prometeu que não diria nada. Você prometeu que não iria contar!" Todos nós enxergamos a quebra de uma promessa como traição. O pior parece ser a transferência de uma "promessa de intimidade exclusiva" de um para outro. Também conhecido como "ter um caso" fora do relacionamento! Os sentimentos podem ser feridos profundamente e muitas vezes acabam por custar caro! O que começou como amor pode acabar como ódio, cheio de ressentimento. As feridas emocionais podem durar uma vida inteira. Mas espere um minuto! Por que tanto choro e ranger de dentes? Qual a razão para uma indescritível dor emocional e infelicidade eterna? A resposta poderia ser de novo simplesmente a expectativa? Poderia ser apenas dependência do outro para reforçar o nosso próprio ego... de novo?

Poderia ser que nós não percebamos que confiar no outro e, então, esperar que essa confiança seja sustentada, cumprida, respeitada e retribuída seja apenas "erro" nosso? Quem sabe o que faz alguém trair ou quebrar uma relação de confiança. Pode haver milhares de razões, que vão desde medo até fraqueza. Mas, uma vez que "esperemos", uma vez que nós "dependamos", uma vez que nós "acreditemos" que o outro nunca irá nos trair, então, podemos também praticamente garantir que um dia nos sentiremos magoados, decepcionados, devastados, por alguns momentos ou por um tempo muito longo. A menos... A menos que percebamos que a dor emocional é nossa responsabilidade. A menos que percebamos que temos escolha. Não uma escolha fácil de enxergar em tais momentos, com certeza. Mas não temos que sofrer. Pessoas quebram promessas. Pessoas traem! Pessoas não conseguem atender às expectativas. Isso é uma realidade no Planeta Terra! Por que discutirmos com a realidade?

"Acreditar que podemos e precisamos perdoar o outro é ligeiramente irrelevante; só afirma a nossa autoimagem como vítima!"

Paradoxalmente, ou talvez estranhamente, em meio a tanto sofrimento pode até nos ocorrer o pensamento: "O que foi que eu fiz para ser traído?" É quando viramos a arma emocional em nossa direção. Loucura! É uma coisa tão maluca de se fazer que chega quase a ser engraçado. Mas na hora não parece nem um pouco engraçado.

E assim... o resultado de compreender o que está realmente acontecendo durante e após todos estes motivos para nos "sentirmos feridos" é perceber que não são "os outros" que estão ferindo os meus sentimentos, sou eu que estou gerando o sofrimento emocional. É geralmente uma mistura de tristeza e raiva. É por isso que, em um nível emocional, acreditar que podemos e precisamos perdoar o outro é ligeiramente irrelevante; só afirma a nossa autoimagem como vítima. E esse é o melhor convite para que isso aconteça novamente. Há, de fato, um nível mais profundo de perdão que pode nos libertar de todos esses momentos de dor emocional.

Todos esses cenários têm uma coisa em comum. Há uma razão para que estejamos nos ferindo emocionalmente em cada um desses sete exemplos. É a dependência. É o momento em que nós pensamos: "Eu não estou recebendo o que EU QUERO ou os outros não estão fazendo o que EU QUERO ou, ainda, não estão sendo do jeito que EU QUERO !"

Em tais momentos, nós de fato estamos dizendo que acreditamos que "nossa vida é 'para obter' o que QUEREMOS. Estou vivo, estou aqui, a fim de OBTER alguma coisa". Mas esse não é bem o propósito da vida. Não é bem como a vida é projetada para ser vivida. Os sábios e os santos nos lembram há séculos que o objetivo principal de viver não é OBTER! Nós não viemos aqui para OBTER algo, nós viemos aqui para DAR.

DAR do nosso EU

Assim que você perceber que a vida é PER-DOAR, para doar, você descobrirá o verdadeiro significado do perdão, que é uma dádiva! Quando você parar de depender e esperar, que são a mesma coisa que "querer", só que disfarçados, será quase impossível ser emocionalmente ferido. Aí, se e quando perceber que na verdade você nunca pode ser ferido emocionalmente pelos outros, a ideia de perdão torna-se irrelevante.

Então, digamos que alguém pise no seu pé no trem e essa é a hora da verdade, o momento em que você está sendo testado. Você vai perdoar e esquecer a falta de jeito do outro e a dor que lhe causou momentaneamente e seguir em frente com sua vida? Ou vai ferver de raiva e indignação e sofrer pelo restante da viagem? Ou você vai assumir completamente a responsabilidade por colocar o pé ali, para começo de conversa?

A resposta parece tão óbvia quanto uma frase de cartão postal...

QUESTÃO

Qual das sete razões é sua "desculpa" mais frequente para criar sofrimento emocional em sua vida?

REFLEXÃO

Nas duas últimas vezes em que se sentiu emocionalmente ferido, o que é que você quer/queria do outro que ele não lhe deu/foi para você?

AÇÃO

Escolha dar algo de si para a pessoa que você pensava ser a causa de seus sentimentos feridos (mas que agora você sabe que foi apenas um gatilho!) e observe como esse "dar" cura sua dor.

VOCÊ ESTÁ JOGANDO O JOGO?

Por toda a parte, em um dia qualquer, há centenas de pessoas sentadas em ambientes de aprendizagem, tais como *workshops*, seminários, cursos e aulas. Como parte de seu processo de aprendizagem algumas delas vão participar de exercícios de "interpretação de papéis". Muitas ficarão extremamente desconfortáveis tentando interpretar um papel, algo que acham que é totalmente estranho para elas. E ainda assim a própria vida é projetada para dar a todos nós a oportunidade de "interpretar um papel". Alguns diriam que isso é tudo o que fazemos desde o dia em que chegamos "ao palco da vida" até o dia em que partirmos sutilmente dele!

Shakespeare foi um dos primeiros a sacar isso, quando disse algo como: "O mundo inteiro é um palco e todos os homens e mulheres meros atores, com muitos papéis para interpretar". Você já reparou que cada dia é preenchido com várias cenas: a cena do escritório, a cena da cozinha, a cena da igreja, a cena da quadra de tênis, a cena do seminário etc. Cada cena é um convite e uma oportunidade para desempenharmos um papel diferente. Se nós não criamos e interpretamos o papel apropriado, provavelmente acharemos a cena tanto mental como emocionalmente difícil.

No entanto, quando nós, de fato, reconhecemos essa oportunidade ela levanta a seguinte questão: Quantos papéis podemos interpretar em nossas vidas? A resposta óbvia é: Quantos nós quisermos! Na verdade, não apenas podemos **interpretar** quantos papéis quisermos, como também **criar** cada papel. Com essa percepção, a vida subitamente torna-se uma aventura verdadeiramente lúdica e criativa. Mas o que temos a tendência de fazer? Levar tudo muito a sério. Esquecemo-nos (se é que alguma vez nos lembramos) de que a vida é simplesmente um jogo no qual temos a oportunidade de nos expressarmos e, ao fazê-lo, de nos doarmos e, ao fazê-lo, de conhecermos a nós mesmos. Essa percepção do nosso potencial criativo ilimitado é uma possibilidade intrínseca aguardando para se manifestar no íntimo de todos os seres humanos. Mas é uma percepção que é frequentemente reprimida por um sistema de crenças aprendido, uma mentalidade, que diz "eu não posso", "eu não sou bom o bastante", "eu não sou capaz" ou "eu não sou criativo".

"Por que a vida se torna tão seriamente séria com tanta frequência para tantas pessoas?"

Então, por que levamos tudo tão a sério? Por que não somos tão brincalhões como poderíamos ser? Por que tantos de nós reprimem a criatividade? Por que não enxergamos a vida como um jogo? Aqui estão as sete principais razões de por que temos a tendência de transformar o negócio de viver em um negócio sério!

1 Você NÃO é um cargo, você está apenas interpretando um outro papel

Se você é um gerente em uma empresa ou pai/mãe em uma família, isso não é tudo o que você é na organização ou na família. Gerente/pai/mãe é apenas uma porta de entrada para muitos papéis. Enquanto transita pelas cenas de seu dia normal, se você se enxergar apenas como "gerente/pai/mãe", é menos provável que enxergue os convites e oportunidades para interpretar muitos papéis, incluindo o de líder, coordenador, professor, conselheiro, treinador, motivador, ajudante etc. Se o gerente ou pai/mãe enxergar seu papel como um cargo, é mais provável que se torne rígido em perspectiva e atitude, já que se fixa em seu papel e busca reconhecimento por ele.

O pai (ou mãe) irá perder os sinais e pistas que o está chamando a interpretar toda uma gama de papéis como: amigo, guia, professor, conselheiro, treinador e companheiro de brincadeira dos filhos. Os pais, assim como os gerentes, tendem a criar e "se esconder" em apenas um papel, o de "controlador supremo"! Não é de admirar que muitos de nós cresçamos com sequelas emocionais, que vão desde o complexo de inferioridade à vitimização, acompanhadas por uma mentalidade seriamente deficiente no quesito "a vida é divertida"!

2 Identificando-se com o papel

Por trás de toda a seriedade está o medo, principalmente na forma de ansiedade. Quando nos identificamos *com* o papel aprendemos a acreditar que *somos* o papel. Quando alguma coisa parece ameaçar o papel, como ele deve ser, levamos isso para o lado pessoal e ficamos com medo, na defensiva ou agressivos. Daí a "seriedade" de tantas pessoas cujo papel é definido pela organização para a qual elas acreditam que pertencem! Somos praticamente treinados para nos identificarmos com o nosso cargo, que então percebemos como "permanente" e seguro. Nós nos esquecemos de que nada é permanente no mundo, e a segurança jamais pode ser encontrada naquilo que tem de mudar! É também por isso que as vidas de muitas crianças são menos felizes do que poderiam ser quando os pais se veem como "os pais" por lá e, portanto, "a autoridade" em relação a tudo... por lá! Raramente os pais são peritos em "criatividade e diversão"!

3 O hábito de autolimitação – "Eu não consigo agir!"

Se aprendemos a nos limitar de alguma forma, e parece que a grande maioria faz isso, então, provavelmente, vamos acreditar que não podemos ser o ator que interpreta "muitos" papéis. Vamos justificar e disfarçar a nossa autolimitação dizendo coisas como: "Não é natural interpretar vários papéis, você não está sendo autêntico, está enganando os outros não sendo você mesmo". Em última análise, é o mesmo que dizer "eu não consigo pintar" ou "eu não consigo escrever". A autolimitação torna-se um mal-estar da mente e uma mentalidade fixa! Todo mundo consegue pintar e todo mundo consegue escrever. Todo mundo consegue agir porque todos nós somos criadores de ações. Papéis são apenas conjuntos de ações mentais e físicas criados e, como qualquer outra coisa, podem ser aprendidos, o que significa "desenvolvidos". E quando eles são aprendidos e desenvolvidos não são aspectos de uma falsa *persona*. São simplesmente habilidades que todos nós podemos cultivar para lidar de forma criativa e, portanto, eficaz e mais satisfatória, com as cenas da vida e nossos relacionamentos imediatos nessas cenas.

"Nós nos esquecemos de que nada é permanente no mundo, e a segurança jamais pode ser encontrada naquilo que tem de mudar!"

4 Uma educação para ser produtivo, e não criativo

O nosso sistema de ensino nos prepara muito mais para "produzir e consumir" do que para "criar e inovar". Consequentemente, muitos de nós nunca percebemos plenamente nossa capacidade criativa. Se o fazemos, isso tende a ser reduzido por um talento particular. Mas a criatividade é uma capacidade que transcende o talento. Ela vem antes dele, que é apenas uma dimensão da nossa capacidade multidimensional de sermos inovadores. Raramente a nossa capacidade para "pensar possibilidades" é totalmente desenvolvida. Poucos de nós aprendem como criar pensamentos, atitudes e ações apropriados para os muitos possíveis papéis que podemos potencialmente desempenhar. Talvez seja por isso que aqueles que vão para a "escola de teatro" são profundamente alterados e enriquecidos pela experiência. Nossa criatividade tende a ser reprimida à medida que somos sutilmente despejados em uma sociedade que necessita de pessoas para preencher um

"A vida não é um jogo no sentido de competitividade, mas um jogo no verdadeiro sentido da palavra: uma atividade repleta de diversão e oportunidades criativas."

"cargo" e interpretar apenas um papel. Vez por outra conhecemos alguém que rompeu com a sua mentalidade de "cargo". Esse tipo de pessoa emana uma energia vibrante e criativa enquanto nós nos perguntamos em silêncio: "Como eu faço isso?"

5 Jogos têm vencedores e perdedores

Quando a palavra "jogo" é mencionada como uma possível metáfora para a vida, alguns de nós automaticamente fogem. Para esses, "jogo" significa competitividade, e isso significa vencedores e perdedores. O medo de perder paralisa a nossa criatividade e nos priva de plena participação na vida. Mas a vida não é um jogo no sentido de competitividade, e sim um jogo no verdadeiro sentido da palavra: uma atividade repleta de diversão e oportunidades criativas. Ninguém perde quando nós criamos juntos. Ninguém perde quando nós participamos e inovamos com os outros. Podemos, de vez em quando, cochilar e reacender o velho medo baseado na mentalidade de vencedores e perdedores. Mas ninguém perde... no fim das contas! Se "eles" perdem... todos nós perdemos! A nossa crença e percepção condicionada da vida como "uma competição" é tão profunda que muitas vezes é uma das crenças mais difíceis de desafiar e uma das percepções mais difíceis de nos livrarmos.

6 Outra pessoa é a responsável

Quando ainda acreditamos que a vida não é um processo criativo que vem de dentro para fora, mas algo que "acontece conosco" de fora para dentro, ainda não percebemos também a nossa responsabilidade pela própria vida. Somente quando a autorresponsabilidade é plenamente percebida a consciência da vida como um processo criativo começa a aumentar. Caso contrário, nós projetamos nas instituições, governos e meios de comunicação a responsabilidade de "criar" os nossos sentimentos e decisões e, portanto, a nossa vida. Por isso, a doença mais popular do mundo é conhecida como "vitimite".

7 "Eu não faço joguinhos!"

Se você observar a si mesmo em ocasiões mais sérias poderá perceber que desenvolveu uma tendência crítica para com os outros. Quando você interpreta os motivos e comportamentos deles como jogadas políticas, jogadas manipuladoras, jogadas para tentar impedir que outras pessoas sejam bem-sucedidas, jogadas projetadas para explorar e extrair o seu dinheiro, jogadas que são travestidas como normais, como parte da vida, você pode facilmente ficar desiludido com a vida em si. Daí para o cinismo é um passo. Você reprime sua fé intuitiva de que a vida é essencialmente benevolente.

Você pode, inclusive, começar a achar que viver é uma ameaça à vida! Pode até sentir-se amaldiçoado. A própria noção de que a vida é uma divertida aventura lhe parece insana. Em vez disso, está sempre em guarda para ver quem pode estar tentando tirar vantagem de você. Com essa mentalidade sequer terá condições de começar a perceber como pode viver de forma mais criativa e, portanto, mais alegre. A própria ideia de criar e interpretar muitos papéis lhe parece irrelevante, talvez ridícula ou até mesmo repugnante. Para você, a vida tornou-se séria demais para isso. Portanto, sua capacidade criativa está quase que completamente atrofiada e reprimida. Somente uma reavaliação radical das suas crenças e percepções irá corrigir isso. Só mesmo uma mentalidade "novinha em folha" pode liberar o seu potencial criativo. Todas as reclamações e críticas, julgamentos e projeções têm que acabar se você quer que a sua criatividade e jovialidade retornem. Somente então a alegria pode retornar ao seu coração.

Sim, claro, há muitos que estão sofrendo no mundo, muitos de quem aparentemente estão tirando vantagem, muitos que mal têm o suficiente para se alimentar, com pouco ou nenhum abrigo. Pode parecer que simplesmente ser alegre e criativo não vai ajudá-los. Mas, ora, por que eles estão nessas circunstâncias? Porque em algum momento, em algum lugar do passado, alguém começou a levar a vida, por qualquer que seja a razão (medo, normalmente), muito a sério. Você pode decidir tomar como um de seus papéis o de ajudar essas pessoas. Nesse caso, terá que ser muito criativo (engenhoso) e muito brincalhão (afável), se estiver disposto a proporcionar-lhes o tipo de auxílio que no fim das contas as ajude a ajudarem a si mesmas, e o tipo de esperança que, eventualmente, as conduzirá para além da necessidade de ter esperança!

Isso de fato é o que pode ser chamado de "desafio criativo"!

QUESTÃO

Liste todos os possíveis papéis que você acha que poderia interpretar no contexto atual da sua vida. Depois, avalie qual você acha que seria a sua capacidade atual de interpretar bem cada papel (1 é baixa e 10 é alta).

REFLEXÃO

Por que você não é tão brincalhão/criativo em seus relacionamentos quanto poderia ser?

AÇÃO

Trace um perfil das aptidões e habilidades que você precisa para aprender a interpretar bem cada um dos papéis acima.

(P.S.: Por favor, não leve todas essas questões muito a sério, brinque com elas e veja o que surge em sua mente e em seu coração.)

VOCÊ JÁ TOPOU COM OS PARADOXOS NO CAMINHO?

Você já reparou como a vida, em todos os níveis, está repleta de paradoxos? "Paradoxo" vem de duas palavras gregas: *para* + *doksos*, que significa "além do ensino" ou "além da opinião". Um paradoxo surge quando começamos a conciliar contradições aparentes, consciente ou inconscientemente. G.K. Chesterton disse certa vez: "Um paradoxo geralmente é a verdade de cabeça para baixo para chamar a nossa atenção"! Paradoxos são afirmações que contêm conceitos que parecem contraditórios, mas que escondem uma verdade mais profunda; por exemplo, o paradoxo de que ficar em pé é mais cansativo do que caminhar. Parece ilógico pensar que ficar em pé é mais cansativo do que caminhar, mas é verdade. A verdade mais profunda, sendo a de que a energia física anima, refresca e renova mais quando se está em movimento do que quando se está parado.

"Não é nenhuma surpresa, então, que alguém já tenha dito: 'Através das portas do paradoxo você deve encontrar a verdade'."

A visão e a percepção do paradoxo pode nos libertar das limitações do que parece ser um pensamento ilógico. Se algum dia você se dedicar a tentar descobrir o sentido da vida, do universo e tudo o mais, é provável que vá se deparar com os seguintes sete aparentes paradoxos em seu caminho!

1 O paradoxo de DAR e RECEBER: você não pode receber a não ser que você dê

Podemos estar cientes de que os nossos relacionamentos são definidos por uma dinâmica de dar e receber em uma variedade de níveis (objetos, ideias, atenção, tempo etc.), mas o paradoxo inerente a essa dinâmica é que dar é receber e que receber é dar. Para **receber** você tem que "dar ao outro" a oportunidade de dar! Para **dar**, você tem primeiro que receber dos outros abertura para receber!

No nível espiritual de dar e receber esse paradoxo assume uma forma ainda mais profunda. Todos nós sabemos, por experiência, que, quando nós damos "com amor", sentimos o amor que já vive dentro de nós sendo expressado. Em essência, é somente dando amor que podemos saber que amor é o que temos e o que somos. Não é que existam dois "eus", mas dar amor aos outros é como se nós o estivéssemos recebendo de nós mesmos. Isso significa que à medida que ele flui de nós descobrimos que amor é o que somos. Por outro lado, quanto mais abertos estamos para receber o amor dos outros, mais estamos "dando" a eles a oportunidade de (receber) sentir e conhecer a si mesmos como amor.

Não é nenhuma surpresa, então, que alguém já tenha dito: "Através das portas do paradoxo você deve encontrar a verdade". Quando buscamos conscientemente as verdades mais profundas da vida é mais do que provável que encontremos paradoxos esperando por nós. Eles nos convidam a mudar o que parece ser logicamente impossível!

2 O paradoxo de TER FELICIDADE: quanto mais você tem menos contente estará

A ideia de adquirir/ter coisas é ter felicidade. A busca pela felicidade encontra-se por trás de tudo que desejamos. No entanto, a maioria das pessoas testemunha o fato de que quanto mais "coisas" exteriores elas têm menos paz interior e contentamento experimentam. Aquisições tornam-se armadilhas para os nossos pensamentos e sentimentos, provocando a ansiedade da insegurança (medo da perda/dano). Nós nos tornamos escravos daquilo que acreditamos que possuímos. A autêntica felicidade, cuja forma mais profunda é o contentamento, não é possível a menos que estejamos mentalmente livres da "ansiedade da insegurança". Talvez seja por isso que as pessoas mais felizes costumam ter menos aquisições. Essa não é uma observação nova, não é uma sabedoria original, mas parece ser algo que precisamos nos lembrar todos os dias, se quisermos ser felizes em um mundo cercado por tantas mensagens, todas gritando: "Você precisa ter isso se quiser ser feliz"!

3 O paradoxo da COMPREENSÃO: você não pode compreender completamente os outros se você não compreende a si mesmo

De fato, compreender os outros é compreender a si mesmo. Com frequência, declaramos nossa perplexidade quando afirmamos: "Eu simplesmente não os entendo. Pensei que os conhecesse, mas agora percebo que não os conhecia". O que nós não percebemos é que a causa subjacente da nossa incapacidade de nos conectar e sintonizar com os outros é a ignorância a respeito de nós mesmos. Quando não entendemos os outros muitas vezes estamos realmente dizendo: "Eu ainda não me compreendo plenamente". Não podemos ler e compreender as crenças/percepções/emoções dos outros até que tenhamos aprendido a identificar as crenças que estamos carregando e a verdadeira causa das emoções que criamos e sentimos dentro de nós mesmos.

"Quando buscamos conscientemente as verdades mais profundas da vida é mais do que provável que encontremos paradoxos esperando por nós a cada esquina."

Os psicopatas não possuem a capacidade de empatia com os outros porque passaram a vida toda evitando sentir e compreender suas próprias emoções. Para conhecer os outros, conheça a si mesmo. Não é o paradoxo perfeito no sentido mais verdadeiro, mas isso revela uma das verdades sobre a vida de todos nós.

4 O paradoxo do INTERESSE PRÓPRIO: você não pode satisfazer os seus próprios interesses até que atenda aos interesses dos outros

Todo interesse próprio é dependente de outros interesses. Mesmo se você quiser simplesmente ser deixado em paz, a fim de ser independente, dependerá dos outros! Na maioria das vezes, os outros vão encontrar maneiras de interferir, a menos que você os tranquilize continuamente e lhes dê o que eles querem para garantir que não interfiram! Quando qualquer país deseja agir no "interesse da nação" ele sempre depende que outros países aceitem e cumpram as condições que permitam que seu intento seja alcançado. Agir em interesse próprio exige que primeiro ajamos no interesse dos outros.

5 O paradoxo da UNIFICAÇÃO: a unidade já está presente... sempre!

Muitas vezes, vemos que dentro de um grupo ou comunidade há aqueles que estão sempre clamando pela unidade. Eles dizem: "Devemos nos unir e nos posicionar como um só", embora eles próprios não estejam em união com todos os outros, já que eles "reagem" às "reações desunidas" dos outros. Isso significa que eles não estão unidos "dentro" de si mesmos; eles não são "um só" dentro de si. Querem algo do grupo, e todo "querer" baseia-se na falsa crença (ainda que inconsciente) de que "Eu sou incompleto até conseguir o que quero".

Paradoxalmente, todos nós já somos completos e já estamos todos unidos. Nós simplesmente perdemos a consciência dessa integralidade/unicidade/unidade. Não podemos conhecer a nossa integralidade e não podemos ver ou sentir essa unidade e unicidade no mundo à nossa volta porque nós ainda "acreditamos" na divisão e separação. Nós ainda QUEREMOS ser diferentes do que somos. E ainda QUEREMOS que os outros e o mundo sejam de uma certa maneira que eles não são atualmente. Quando não estamos nos sentindo completos e quando o mundo e os outros não parecem ser um só, é porque nós criamos e sustentamos a percepção de fragmentação e divisão. Somente quando nós resolvemos a nossa fragmentação perceptiva interior (as vozes de muitas identidades e os consequentes desejos de cada identidade) é que podemos ver e conhecer a nossa integralidade subjacente e a unidade subjacente de "todos nós" em todos os lugares... e todas as épocas! Tudo raramente é o que parece ser, e a "realidade" em geral é encontrada atrás da superficialidade das aparências!

6 O paradoxo da AUTOLIMITAÇÃO: você nunca sabe quais são suas limitações

Você nunca pode conhecer de fato suas limitações até transcendê-las; ou seja, rompê-las. E se continuar rompendo as limitações existe a possibilidade de que você possa perceber a verdade mais profunda, a de que você não tem nenhuma. É claro que no nível físico pode haver determinadas limitações de movimento, habilidade etc. Mas no nível mental e no nível espiritual não há limite para a nossa capacidade. Dizer que já fui o mais longe que serei capaz de crescer/desenvolver-me mental ou espiritualmente é apenas uma "limitação da imaginação" ou uma limitação imaginada! Dizer que até onde já fui é, portanto, o mais longe que jamais irei é "limitação pela memória" e "ver" o futuro somente em termos do passado. Você nunca pode conhecer plenamente os seus limites até transcendê-los e, aí, eles já não serão mais os seus limites! Um paradoxo clássico!

7 O paradoxo de ELEVAR A SUA CONSCIÊNCIA: para elevar a sua consciência você tem de ter os pés no chão

Elevar a consciência significa refinar ou ajustar a qualidade e a profundidade de sua autoconsciência. Isto, naturalmente, cria uma consciência mais profunda do que está ocorrendo dentro do "ser" do "outro". Você também é capaz de gerar e irradiar uma maior qualidade de energia na forma de pensamentos e sentimentos mais refinados. Mas não é possível elevar a sua consciência e "afinar" a sua percepção a menos que permaneça com os pés no chão, o que significa você lidar de forma coerente e completa com acontecimentos diários, relacionamentos e tarefas.

Muita gente comete o erro de se isolar do mundo e aplicar todo o seu tempo e atenção em práticas místicas e meditativas na esperança de simplesmente "elevar-se acima de tudo" e alcançar algum tipo de iluminação. Na crença de que esse é o caminho para se tornarem mais espiritualizados. Eles acreditam que, se conseguirem esse tipo de iluminação, irão transcender o mundano e se libertar da rotina, do trabalho penoso e do trivial. E passam a se perguntar por que o progresso é passageiro e lento!

Então, um dia, percebem que as verdadeiras lições que precisam ser aprendidas e assimiladas, a fim de serem capazes de "elevarem-se acima de tudo", residem nos lugares prosaicos, nas interações diárias com as pessoas e nos aspectos práticos do cotidiano da vida. Quando as pessoas, lugares e aspectos práticos não são tratados adequadamente, e com a energia do amor, eles se tornam um fardo em nossa consciência na forma de "negócios inacabados". Esse fardo vira um peso interior, tornando impossível elevar a qualidade da nossa consciência, que significa de fato nos libertarmos de nosso apego às coisas materiais da vida. Os negócios inacabados permanecem ali "pressionando" os nossos pensamentos e gerando distúrbios emocionais. Às vezes, isso é chamado de "seu carma".

Você não pode sair do supermercado sem saber o preço de cada item e sem pagar pelo total de suas compras. Só então pode levar seus mantimentos com você, e só então pode escolher e estar totalmente no controle de onde e quando depositá-los, de modo a aliviar-se de parte do fardo que mantém VOCÊ sobrecarregado! Caso contrário, você estará gastando toda a energia para permanecer com medo e "em fuga", enquanto se esconde do gerente do supermercado ou da polícia!

Se continuamos evitando problemas não resolvidos no nosso dia a dia, acumulamos dívidas mentais e emocionais na forma de pensamentos e sentimentos recorrentes. E tais dívidas vão continuar nos perseguindo para obter o pagamento (resolução), nos impedindo, assim, de elevar a qualidade da nossa consciência, o que basicamente significa "ser internamente livre".

É por isso que muitos de nós não são felizes de forma consistente por dentro. Nós não somos seres livres. Nós carregamos o "fardo cármico" de negócios inacabados.

Em essência, se você quiser aumentar a sua consciência e elevar-se acima do transitório e do ordinário do mundo, terá que levar o mundo com você... por um tempo, ao menos! Mais um desses incômodos paradoxos!

QUESTÃO

Qual dos paradoxos acima você achou mais relevante para o seu atual momento de vida?

REFLEXÃO

Para resolver um paradoxo você precisa ir além de "pensar" nele, a fim de "vê-lo". Por isso, o objetivo da meditação é aquietar a mente pensante e ver o que surge a partir do coração.

AÇÃO

De que forma poderia "a visão" de cada um dos paradoxos anteriores mudar a maneira como você "vive a sua vida"? Faça duas colunas, liste os paradoxos na coluna da esquerda e, então, liste as mudanças que eles poderiam trazer para a sua vida na coluna da direita.

VOCÊ JÁ PERCEBEU A INUTILIDADE DA COMPARAÇÃO?

Vivemos na era da "comparação multinível"! Com o toque de algumas teclas podemos comparar preços e serviços de praticamente tudo, da eletricidade a casas, de carros a camelos, de estilos de vida a lobotomias! É um grande benefício da era tecnológica, que nos permite usar tanto o tempo como o dinheiro de forma mais eficiente. Mas o crescente "hábito de comparar" tende a não parar em mercadorias e serviços.

À medida que observamos o mundo através de uma infinidade de janelas de mídia nós também nos descobrimos presos na armadilha fácil de comparações pessoais com os outros. Consciente ou inconscientemente, muitos de nós passarão enormes parcelas da vida em busca de uma identidade. Observaremos os outros, compararemos nós mesmos com os outros, desejaremos ser como eles, enquanto aspiramos a uma identidade que ombreie a deles.

Enquanto procuramos a nossa identidade, às vezes nos apanhamos divididos entre tentar ser como outra pessoa ou nos rebelar completamente contra todos os tipos de identidade estabelecidos, ou seja: um estereótipo ou o oposto disso! Alguns ingenuamente acreditam ter encontrado a sua "individualidade" por ser igual a uma outra pessoa! Eles não percebem a sua contradição! Acreditam que estão sendo originais, mesmo enquanto continuam a imitar os outros!

Observando os outros

Comparar nós mesmos com os outros é um dos passatempos mais populares e, ao mesmo tempo, um dos hábitos que mais nos enfraquecem. Normalmente apreendido em uma idade precoce, ele é alimentado e encorajado pelas indústrias de *marketing* e de entretenimento. Carros, corpos, casas, amigos, estilos de vida e personagens são apenas alguns dos muitos níveis em que aprendemos a nos medir com os outros. Ao fazê-lo, raramente sentimos que a nossa autoestima torna-se mais forte, e se isso acontecer, é mais que provável que seja uma inflação de curta duração do nosso ego, seguida logo após pela inevitável deflação.

Enquanto observamos, comparamos; enquanto comparamos, desejamos; e enquanto desejamos, perdemos a nossa capacidade de nos contentar com o que somos e com o que temos. A vida de alguém sempre parece melhor do que "a minha vida", o sucesso de outra pessoa sempre parece muito maior do que "minhas realizações" e o futuro de outra pessoa parece sempre muito mais positivo do que "o meu futuro". Esses padrões de pensamento são fatais para o nosso bem-estar. Com o tempo, eles drenam o nosso entusiasmo, esgotam a nossa criatividade e paralisam a nossa capacidade de pensar com clareza.

Corpos perfeitos

Embora aprendamos a comparar em muitos níveis, talvez o mais comum seja o nível da forma. O "mito da beleza" nos alimenta a ilusão de que é só quando somos "lindos de morrer" podemos ser bem-sucedidos e, portanto, felizes. As imagens de corpos perfeitos, rostos profundamente atraentes, peles imaculadas, dentes brancos e brilhantes adornam os *outdoors*, nossas reluzentes revistas (femininas e masculinas) e, em alguns lugares, o nosso jornal diário. A mensagem por trás disso nós todos reconhecemos e diz mais ou menos assim: *Se você não se parece com este ser humano lindo e contente, então não pode ser bem-sucedido e não pode ser feliz.*

À medida que absorvemos essa mitologia, muitos de nós irão gastar tempo e dinheiro tentando alcançar a forma, o sorriso, o bronzeado e o estilo de vida das "pessoas bonitas". Tudo por essa tênue promessa de felicidade e sucesso. Se a nossa consciência for fraca o bastante, acreditaremos nisso, e depois ficaremos perplexos por nos tornarmos ainda mais infelizes e ainda mais descontentes, quando, obviamente, não conseguirmos parecer com aquela imagem fabricada de ser humano perfeito.

A tristeza por não alcançar o que percebemos que os outros alcançaram, a decepção por não sermos capazes de reproduzir a beleza física de outra pessoa só pode resultar em uma dor crescente e talvez, com o passar do tempo, em depressão. É quando as outras indústrias intervêm e se beneficiam das nossas aspirações fracassadas e nós tentamos combater o nosso sentimento de inferioridade com férias, *spas*, salões de beleza, academias, ou uma longa estada no bar! É, para muitos, embora inconsciente, uma espiral descendente para a infelicidade.

"Mas se, por um lado, é louvável enxergar as virtudes no outro e usar essa consciência como inspiração para reforçarmos o nosso próprio caráter, vale a pena deixar a pessoa real fora da nossa mente."

Imitação ou inspiração

No entanto, há aqueles que vão contra tudo isso e dizem que é bom aspirar às alturas que outros parecem ter alcançado na vida. Eles garantem que faz bem ter esses "modelos" e chegam a copiá-los em tudo! É aí que se encontra a linha tênue entre imitação e inspiração.

Reconhecer o melhor nos outros, enxergar a virtude no caráter alheio é criar o tipo de visão do outro que pode nos inspirar a fazer aflorar em nós o nosso melhor. Mas se, por um lado, é louvável enxergar as virtudes no outro e usar essa consciência como inspiração para reforçarmos o nosso próprio caráter, vale a pena deixar a pessoa real fora da nossa mente. A imitação pode ser uma forma de elogio, mas também pode ser um sinal de que estamos usando a "ideia" de "outros bem-sucedidos" para suprimir o nosso verdadeiro potencial. É uma forma sutil de autossabotagem. Às vezes, não tão sutil!

Aspirações e inclinações

Uma "aspiração" por excelência, uma inclinação para inculcar virtude, a intenção de substituir os nossos ciclos viciosos por ciclos virtuosos nos níveis do pensamento, sentimento, atitude e ação, é o caminho para sermos tudo o que podemos ser. No entanto, é um caminho que, em última análise, devemos trilhar sozinhos. Não é um caminho percorrido para tentarmos ser como outra pessoa.

Não é um caminho para mais aquisição ou acumulação. É um caminho para a compreensão de que todos nós já somos tudo o que nós podemos ser, já estamos completos, já temos valor e temos um caráter virtuoso que, quando totalmente aflorado, parecerá "belo" aos outros. O que acontece é que perdemos temporariamente a consciência disso. Nós perdemos a nossa capacidade de vivenciar isso! Mesmo o pior dos criminosos, com uma longa história de violência, tem em si as virtudes e os valores que compõem a bondade de um ser humano. Ele só acha difícil acreditar que tanta bondade vive no seu íntimo. Assim como nós, quando ouvimos sobre a sua história! Mas existem muitos casos de redenção e de redescoberta da beleza da alma dentro dos personagens mais "feios". Esses casos são uma inspiração.

Cada um é único

Acabar com toda comparação com os outros é essencial para se ter uma existência feliz e gratificante, em que nossa vida é "plena" de dentro para fora, não fora dela. Para quebrar o hábito de buscar realização "lá fora", onde ela nunca pode ser encontrada, para acabar com os momentos frequentes de inevitável fracasso que isso deve trazer ajuda lembrar-se de três coisas:

1) Você é único (essa é a única coisa que TODOS nós temos em comum!) e é impossível parecer ou ser como qualquer outra pessoa.

2) Sua vida é uma dádiva e uma oportunidade para deixar a sua marca, trilhar o seu próprio caminho, moldar o seu próprio destino, fazendo, dessa forma, o que você está aqui para fazer, que é "criar" a sua vida – o que, se você fizer direito, irá enriquecer a vida dos outros.

3) Você já tem tudo o que precisa dentro de si. Muito do que o seu corpo precisa vem de fora, mas TUDO que VOCÊ precisa vem de dentro, e você nunca pode perder esse "tudo", apenas perder a consciência dele e o acesso a ele!

Também é útil manter sempre em mente que o que você vê no espelho do banheiro pela manhã não é você (afinal, uma boa notícia!), é apenas a forma que você "ocupa". Isso significa que a beleza não está na aparência. Está além e aquém da pele. Significa que a beleza não é uma imagem ou um reflexo, é o que você vê e sente quando se dá conta de quem você é e conhece a si mesmo como fonte de amor e fomentador de paz. Isso é o que você é quando usa a sua energia espiritual – que é você – para guiar os outros para a mesma consciência.

Sua beleza é o que os outros vão ver e sentir quando seus pensamentos e ações são moldados por amor, guiados pela verdade e compartilhados com bondade. Então essa virtude será a sua recompensa de dentro para fora, além de trazer suas próprias recompensas de fora para dentro! Aí, todas as comparações com os outros e toda aspiração de ser como os outros não apenas cessarão, como também serão reconhecidas por aquilo que são: uma medrosa tentativa de ficar na parte rasa da piscina imaginando como seria nadar livremente na parte funda.

Para ser você mesmo, vá fundo e jamais se compare com os outros!

QUESTÃO

Em que áreas ou em que níveis você mais se pega comparando-se com os outros?

REFLEXÃO

Quando se trata de criar a sua vida, qual é a diferença entre aspiração, inspiração e transpiração?

AÇÃO

Veja a beleza (a virtude) nas ações de uma pessoa todos os dias desta semana e, se for o caso, diga-lhe o que viu.

POR QUE VOCÊ ESTÁ ATRASADO... DE NOVO?

Você tem um retardatário compulsivo em sua vida? Não importa o quanto você o previna, ele ainda chega tarde. Mesmo se você tentar enganá-lo de que a reunião é mais cedo do que está marcada oficialmente, ele ainda irá frustrá-lo dando um jeito de chegar bem depois do início dela. E mesmo que você tente acompanhá-lo pessoalmente até a reunião, apenas para garantir que entre na sala na hora, chega um momento em que você percebe que ele evaporou e sumiu de vista, já que convenientemente se lembrou de algo de vital importância que precisa fazer, ou foi informado telepaticamente de alguma pequena emergência!

Introvertido do escritório

Escritórios e equipes, famílias e amigos geralmente têm um retardatário compulsivo. Parece que eles sempre chegam justo no momento em que pontos-chave terão de ser repetidos exclusivamente para colocá-los a par do que foi dito até ali. Normalmente, eles dão as caras com um leve ar de "agitação", que sugere que eles acabaram de salvar o mundo (de novo!) e ainda tiveram que correr para aquela reunião... Eles podem até mesmo combinar esse ar de autoimportância com uma expressão facial e linguagem corporal ligeiramente desdenhosas, que dizem: "Deus, que vidas chatas e desinteressantes todos vocês devem levar para serem tão pontuais... o tempo todo!"

Mesmo se o retardatário compulsivo for também o introvertido do escritório, tão tímido e reservado como um vampiro ao nascer do sol, pode ser que ele absorva em silêncio as ondas de animosidade que muitas vezes se escondem por trás de sorrisos aparentemente calorosos e acolhedores. É provável que ele até cobice a atenção e energia do comentador mais sarcástico da equipe quando este lhe diz: "Que bom que você conseguiu chegar", de uma maneira que se encontra, obviamente, tão distante da alegria como a Terra da quinta lua de Júpiter!

Embora seja fácil nos frustrarmos com o retardatário compulsivo, geralmente há razões veladas para esse particular comportamento, das quais ele próprio pode não estar ciente. Se conseguirmos reconhecer tais razões, isso poderá nos proporcionar uma "compreensão" mais profunda de seu hábito, o que, então, irá nos permitir sermos um pouco mais isentos e serenos. Podemos, aí, criar uma estratégia para responder mais eficazmente ao hábito do retardatário.

Aqui estão sete razões por que algumas pessoas habitualmente chegam bem depois dos eventos terem começado.

1 Noção zero de horário

Em algum lugar em seu passado obscuro e distante eles aprenderam que obedecer aos horários ditados pelos ponteiros simplesmente não é tão importante assim. É apenas um relógio, afinal de contas! Talvez seus pais tenham lhe passado a noção de que o "jantar sempre pode esperar", ao demonstrarem que a construção de um *kart* no galpão do jardim era muito mais importante do que um evento pré-agendado como o jantar. Eles aprenderam a se permitir ficar tão absortos em uma tarefa, que facilmente perdem a noção do tempo. Às vezes, chamamos isso de indícios de um gênio criativo!

2 Tentativa de controle

Os retardatários logo aprendem que eles vão "iniciar uma reação" quando estão atrasados. Começam a desenvolver a falsa crença, ainda que inconscientemente, de que são capazes de controlar o comportamento dos outros, mesmo que sejam recebidos com furor. Chegar tarde, desencadeando uma reação emocional, dá-lhes uma falsa sensação de poder.

3 Buscando atenção

Para algumas pessoas, qualquer atenção é boa atenção, mesmo se for o ódio. Em algum ponto no passado, geralmente quando muito pequenos, a única maneira de eles obterem atenção era agindo contra a vontade ou a aprovação dos outros. Chegar atrasado é um desses comportamentos que eles sabem que os deixará no centro das atenções, ainda que mal-humoradas, por alguns instantes, pelo menos. Assim, a sua existência é afirmada.

"Esse rótulo e histórico de atrasos lhe confere uma história, uma reputação pessoal, a partir da qual um senso de identidade pode ser moldado."

4 Autoimportância

Quando as pessoas fuzilam com os olhos o retardatário à sua chegada e reclamam dele, isso lhe dá um senso de identidade: "Eu sou famoso por ser o retardatário por aqui". Esse rótulo e histórico de atrasos lhe confere uma história, uma reputação pessoal, a partir da qual um senso de identidade pode ser moldado. Ele usa esse rótulo e histórico para construir e manter um senso distorcido de autoimportância. Mas está tudo em sua mente. São jogos sutis do ego, dos quais provavelmente eles não têm a menor consciência.

5 Inadequação pessoal

Talvez chegar atrasado seja uma questão de autoconfiança para certos indivíduos. Chegar na hora significaria que sua autoimagem é positiva, suas ações precisas e que eles foram respeitosos para com os outros. Mas se a sua autoimagem é inadequada, com baixa autoestima e autorrespeito, então, tais comportamentos como sempre chegar atrasados irão emergir como uma expressão dessa autoimagem negativa. A autoimagem de inadequação e fracasso, que se tornou "confortável" com o tempo, deve ser mantida. Chegar na hora significaria que sua autoimagem está mudando. Isso seria desconfortável! Inconscientemente, eles permanecem na sua zona de conforto, que já é desconfortável! Melhor o desconforto que você conhece do que um desconforto que você não conhece!

6 Pura preguiça

Ou talvez seja apenas a boa e velha preguiça! Eles têm uma atitude de "tenho coisa mais importante com que me preocupar" para com a maioria das coisas, especialmente as relacionadas a trabalho. Em algum ponto do passado, preocupar-se e se esforçar foram atitudes ridicularizadas ou desaprovadas. Ou o próprio trabalho é visto como um mal necessário que deve apenas ser suportado, e nada mais. A preguiça tem uma série de razões profundas, e sua consequente falta de entusiasmo pode ser contagiosa como uma cepa virulenta de gripe. A preguiça é um sinal certo de que a motivação tem sido e continua a ser profundamente suprimida.

7 Consciência atemporal

Às vezes, você encontra alguém que está de fato em um estado atemporal de consciência. Parece ser a coisa mais difícil para tal pessoa ter noção do tempo. É como se nunca ninguém lhe houvesse ensinado a ver as horas e usar um relógio. Para ela, o futuro nunca é motivo de apreensão ou sequer uma preocupação. Ele virá quando tiver que vir, e, seja lá o que trouxer, tudo bem. Então, dar as caras na reunião ou comparecer a um "encontro" na hora que lhe dá vontade é muito natural para ela. Pessoas assim não têm nenhum motivo oculto. Não têm nenhuma preocupação ou medo do que os outros vão pensar. E não fazem isso para chamar a atenção. São verdadeiros espíritos livres, para os quais todos nós poderíamos aprender a não levar a vida e esses "malditos relógios" tão a sério.

Entender por que o retardatário chega compulsivamente atrasado nos permite mudar da condenação para a compaixão, e, portanto, não perder a cabeça da próxima vez que ele chegar bem depois do horário marcado. Senão, daí para nos tornarmos o "reclamão serial" é um passo. Então, mesmo que ele chegue cedo ou na hora certa, podemos até transformar isso em algo como: "Olhe só você, sempre pontual ou madrugador. Você não consegue relaxar e ser menos certinho?"

Quando há razões subconscientes mais profundas para o retardatário chegar compulsivamente atrasado é porque ele não sabe o que faz. Mesmo que pareça que ele pensa que sabe o que faz, ele geralmente não sabe!

E há também, é claro, aquelas almas raras e iluminadas para quem o tempo é apenas uma construção mental à qual a maioria das pessoas aprende a se apegar e tornar-se dependente. Mas elas não! Para elas, não existe tal coisa como "chegar atrasado", nem adiantado, aliás. Elas perceberam e superaram três ilusões que governam o mundo:

- Apresse-se, o tempo está se esgotando!
- Se corrermos, "ganhamos" tempo!
- Deixe para depois; "tem" tempo amanhã!

Talvez seja por isso que raramente encontramos tais almas em reuniões! Qual o sentido de andar na companhia de pessoas que ainda não perceberam e superaram a ilusão que nós às vezes chamamos de "a importância do tempo"? Afinal de contas, como pode uma construção mental que gera ansiedade ser importante!

QUESTÃO

Quais das razões anteriores você acha que se aplicam à pessoa em sua vida que parece estar sofrendo da "síndrome do perpétuo retardatário"?

REFLEXÃO

No "plano maior das coisas", por que pode ser que não haja coisas como "chegar atrasado"?

AÇÃO

Crie uma estratégia proativa comportamental visando seu retardatário compulsivo que transmita uma resposta positiva, e não uma reação negativa; ou seja, a de que você não está emocionalmente afetado por seu aparente atraso.

VISÃO, OBJETIVO, SONHO OU DESEJO: QUAL É A DIFERENÇA?

Ao que parece, alguns anos atrás, na Universidade de Yale, estudantes do último ano foram convidados a responder a uma série de perguntas sobre sua vida. No estudo havia duas questões importantes. A primeira era: "Você tem objetivos?" Cerca de 10% disseram que sim, tinham. A segunda pergunta era: "Se você tem objetivos, você os tem por escrito e faz algo em relação a eles todos os dias?" Cerca de 4% do total responderam sim a essa questão. Vinte anos depois, a universidade decidiu descobrir em que pé estavam as vidas de todos aqueles que haviam sido questionados no estudo.

A pesquisa correu o mundo e, enquanto alguns tinham falecido, a grande maioria foi encontrada e completou o questionário de acompanhamento. Descobriu-se que os 4% que haviam colocado por escrito seus objetivos de vinte anos antes eram muito mais bem-sucedidos do que o restante, quando os indicadores de sucesso foram examinados. Eles tinham alcançado uma vida mais equilibrada, o seu bem-estar e o compromisso com a comunidade eram, pelo que constava, "extraordinariamente diferentes" do restante. E embora valor financeiro não seja de forma alguma uma verdadeira medida do sucesso, esses 4% "valiam mais" do que os outros 96% juntos!

Talvez a interpretação mais interessante desse estudo é que, quando projetado em escala global, parece que cerca de 96% de nós vão passar a vida ajudando os outros 4% a alcançar seus objetivos!

Variedade de visões

Enquanto um objetivo é uma espécie de visão (imagem mental de uma conquista futura), uma visão raramente é um objetivo. Enquanto um objetivo costuma ser uma meta fixada para a qual certas ações são realizadas, a visão assume muitas formas. É preciso *visão histórica* para saber onde você esteve, *visão situacional* para ver onde você está e *visão estratégica* para trabalhar a direção para a qual você agora deveria estar se encaminhando. Visão, nesse sentido, é uma espécie de consciência contextual multidimensional que pode ou não ter clareza.

"A visão do futuro costuma ser aberta e maleável, capaz de alterar sua profundidade e textura à medida que novas informações chegam de fora para dentro e um* insight *surge de dentro para fora!"

Uma *visão estratégica* pode ser tanto baseada em uma consciência de padrões e tendências atuais e como eles podem ser integrados para formar o futuro, ou pode ser simplesmente uma consciência intuitiva do que vai ocorrer e do processo pelo qual isso vai acontecer.

De limitado a amplo

No contexto do futuro, um objetivo é fixo e uma visão é maleável. Um objetivo tende a ser um alvo que está estabelecido e focado em um ponto "no amanhã" do tempo e espaço. Se ele muda, deixa então de ser "aquele objetivo", e um novo objetivo é criado. Por outro lado, a visão do futuro costuma ser aberta e maleável, capaz de alterar sua profundidade e textura, à medida que novas informações chegam de fora para dentro e um *insight* surge de dentro para fora!

Enquanto um objetivo tende a ser limitado e bem-definido, uma visão tende a ser ampla com alguns elementos que podem permanecer vagos e ambíguos. Uma variedade de fatores pode aprimorar, enriquecer e aprofundar a visão da "maneira como as coisas serão" entre "aqui" e sua manifestação ou realização.

Muitas vezes, tanto um objetivo quanto uma visão tendem a ser confundidos com "desejo". Dizemos "objetivo" ou "visão" quando na verdade queremos dizer "desejo". Quando o desejo se manifesta significa que o medo entra em jogo – o medo de que eu possa fracassar em atingir o meu objetivo ou manifestar a visão. É o pensamento: "Eu posso não conseguir/alcançar o que quero" que enfraquece a força e o magnetismo do objetivo/visão. Isso não quer dizer que o desejo não vai levá-lo ao seu objetivo. Ele pode levá-lo, e muitos vão testemunhar sobre o "querer é poder" enquanto dão seus conselhos sob a forma de: "Você tem que realmente querer isso".

No entanto, outros nos lembram que, quando "eu quero" a realização do objetivo, isso significa também que provavelmente estou fazendo com que a minha felicidade dependa de eu alcançar o objetivo, o que significa que a felicidade é perpetuamente adiada. É sempre "depois", e raramente agora! A jornada entre aqui e lá é, em geral, um processo de ansiedade, de uma forma ou de outra.

A felicidade não é o objetivo!

Essa ansiedade, então, sabota a qualidade de energia necessária para alcançar o objetivo de forma eficaz, o que pode explicar por que aqueles que "querem isso desesperadamente" em geral são um pouco estressados "em sua jornada até lá" e não tão felizes! Eles estão mais propensos a lutar e se empenhar para chegar até lá. Quando eles chegam e permitem-se alguns momentos de felicidade satisfeita, não demora muito para que estejam novamente se dirigindo para o próximo objetivo (resultado desejado/realização), para que possam ter a justificativa de serem felizes de novo! Às vezes, isso é conhecido como a "ética do trabalho protestante"! O que implica que você tem de trabalhar muito duro e "realizar" antes que "mereça" ser feliz.

Por outro lado, tem aquele ditado frequentemente citado que nos convida a refletir acerca de uma verdade mais profunda: "A felicidade não é o objetivo, a felicidade é o caminho para o objetivo".

Conceber e acreditar

Um sonho é também uma visão, mas tende a conter aspirações e desejos tão elevados, que o situam além do que é realista e nas fronteiras do impossível. Quando alguns, de fato, alcançam seu sonho e dizem: "Eu estou vivendo o meu sonho", isso normalmente significa que estão satisfazendo seu maior desejo. Na verdade, eles se atreveram a sonhar, atreveram-se a criar tamanha visão para a sua vida que, embora possa ter soado como "esperar demais" aos ouvidos dos outros, eles queriam isso tão desesperadamente e acreditavam tanto nisso, que se tornou uma realidade. Eles nos lembram que se acreditarmos no que concebermos, iremos conseguir. Embora todos nós tenhamos a capacidade de conceber "o nosso sonho", é a nossa falta de crença e a fraqueza de nossa convicção que podem nos deixar a ver navios.

"O surgimento de uma visão clara pode levar dias, semanas ou meses, ou pode acontecer em segundos."

O sonho torna-se ou uma fantasia para a qual nós escapamos ou meramente pensamento positivo.

Uma verdadeira visão, por outro lado, emerge na consciência com um senso de clareza e convicção. O visionário "sabe" que isso é o que será; que é isso que vai acontecer. Não há um desejo ardente pessoal para "fazer acontecer", mas um profundo conhecimento de que "vai acontecer". Existe uma confiança interna de que se alguém "mantém" a visão e permite que ela guie decisões e ações, isso virá a ser, fácil e naturalmente.

O visionário está ciente de que a visão é uma imagem daquilo que vai se manifestar "lá na frente", no futuro do tempo e espaço, mas é uma realidade agora, "aqui", dentro de sua consciência. O poder dessa "realidade presente", se livre da interferência mental e emocional, é então "canalizado" e traduzido em ações que contribuem para a cristalização da visão no mundo tangível.

Estímulos racionais e intuitivos!

Uma poderosa visão pessoal geralmente é uma combinação de elementos e é mais adquirida do que ensinada. A formação da visão é interior, e requer uma filtragem, um reconhecimento, uma capacidade de dar prioridade ao sintetizar vários elementos – alguns dos quais mal podem estar visíveis ao olho interior. É um processo de concentração ou padronização, derivado de uma variedade de fontes caleidoscópicas, incluindo as influências de outros, das experiências pessoais e de reflexões. A clareza de visão é aprimorada por meio do "reconhecimento e seleção de padrões", que é um processo que requer estímulos, tanto racionais como intuitivos. O surgimento de uma visão clara pode levar dias, semanas ou meses, ou pode acontecer em segundos.

Tudo isso requer o que se costuma chamar de "olho do intelecto". É o intelecto que enxerga e discerne os padrões, lado a lado às reflexões, junto com as intuições, enquanto conserva um pano de fundo de experiências e *inspiriências*, uma vez que ele ao mesmo tempo em que cria também permite que a visão se cristalize na consciência. A clareza de tal intelecto depende da libertação de pensamentos descontrolados (geralmente desejos) e distúrbios emocionais. Daí a antiga prática da meditação, há muito reconhecida como a forma mais eficaz para abrir o "terceiro olho" (intelecto) e aguçar o discernimento do intelecto.

Catalisando a unidade

Em um mundo turbulento, uma visão clara e poderosa pode induzir a estabilidade e restaurar uma aparência de ordem e orientação. É por isso que "visão" é provavelmente o atributo mais comum entre líderes que têm sido capazes de comunicar essa visão de uma forma que inspira os outros, enquanto mostra-lhes o futuro e catalisa a unidade durante a jornada!

No entanto, aqueles com visões poderosas e inspiradoras provavelmente precisam ser cuidadosos em relação a quando, onde e com quem compartilhá-las. A história nos mostra que, se a visão vai contra o *status quo*, ela pode provocar resistência naqueles que estão ameaçados pela mudança guiada pela visão. Essa resistência pode ser fatal. JFK, King e Gandhi são os exemplos mais notórios no cenário internacional cuja clareza e coerência de visão atraiu resistência violenta.

Mas "resistência à visão" diária pode ser encontrada mais comumente em mesas de café da manhã e salas de reunião. É por isso que muitas vezes é melhor criá-la, encorajá-la e mantê-la em segredo. E apenas desfrutar de vê-la tornar-se realidade.

Enquanto isso, nunca é uma má ideia seguir o conselho, muitas vezes citado, de Goethe, outra velha alma sábia, que diz:

> Todos os atos de iniciativa e criação têm uma verdade elementar, e ignorá-la mata incontáveis ideias e planos esplêndidos. No momento em que a pessoa realmente assume um compromisso, a providência também se põe em movimento. Todos os tipos de coisas acontecem para ajudar a pessoa, coisas que nunca teriam acontecido de outra forma. Toda uma corrente de eventos resulta da decisão, gerando em seu favor todos os tipos de encontros e incidentes imprevistos, e ajuda material, que ninguém sonharia que pudesse estar em seu caminho. Seja o que for que você faça ou sonha em fazer, comece. A audácia tem engenho, magia e poder. Comece agora.

QUESTÃO

O que você sente que está mais intensamente em desenvolvimento em sua consciência: uma visão, um sonho ou um objetivo?

REFLEXÃO

Separe um momento para colocar a sua visão/sonho/objetivo por escrito, refletir sobre ele(a) e aprimorá-lo(a) no papel.

AÇÃO

Com relação à sua visão/sonho/objetivo, qual ação ele(a) o instiga a realizar agora?

VOCÊ ESTÁ FAZENDO A MUDANÇA DE IMPOSIÇÃO PARA DISPOSIÇÃO?

"Você tem que fazer as coisas acontecerem, se quiser ver os resultados... Você tem que sonhar alto... Simplesmente meta a cara e corra atrás enquanto pode... Pergunte a si mesmo o quanto você realmente quer isso... Não deixe que nada ou ninguém fique no seu caminho!" Esses são todos os clichês motivacionais aos quais muitos se referem enquanto abrem caminho na vida "na marra" e encorajam os outros a fazerem o mesmo. E eles, de fato, são bem-sucedidos em motivar alguns de nós. O trabalhador extremamente ambicioso consegue galgar degraus até o cargo executivo mais alto; o atleta aspirante e talentoso pode se tornar um campeão do mundo; o homem (ou mulher) de negócios motivado(a) pode construir um império comercial; o ingênuo ativista político adolescente pode se tornar um primeiro-ministro.

Mas a que custo? Alguns diriam que a custo nenhum, se é o que você realmente quer. Vá viver o seu sonho, eles dizem! Eles consideram todo o esforço como um investimento. Para outros o custo é grande, uma vez que pode exigir sacrificar um relacionamento, ou talvez fazer algo que, lá no fundo, eles na verdade não queiram fazer, ou se comportar de maneiras que contradigam seus valores inatos. Tudo isso para chegar aonde eles "acreditam" que deveriam estar. É uma crença que muitas vezes é cegamente assimilada da cultura dominante em que se encontram.

Depende muito de como você define o sucesso. Algumas definições de sucesso possuem a garantia embutida de uma jornada estressante. Tem-se afirmado que, se você realmente aspira ser não apenas bom em alguma coisa, mas alcançar a excelência, terá que gastar 10 mil horas em prática dedicada, ou coisa parecida. Mas o que está por trás da prática? Alguns são movidos pelo desejo de provar a si mesmos que podem fazê-lo. Isso é imposição. Outros pressionam a si mesmos pela necessidade de serem reconhecidos. Isso também é imposição. Outros saem praticando pela pura alegria da própria prática. Isso é disposição. Uma drena enquanto a outra energiza. Ambas podem levar à excelência, mas com uma delas é provável que se chegue esgotado e desgastado, enquanto que, com a outra, se aterrisse saltitando de entusiasmo e com um brilho nos olhos! A alegria inicial não diminui.

"O estresse costuma acompanhar a imposição. A imposição não tipifica o parceiro ou cônjuge verdadeiramente amoroso, o gerente inteligente ou os pais dedicados."

Você é uma "máquina humana"?

O caminho da imposição geralmente é a rota que somos ensinados a pegar para alcançar o sucesso na vida. Quer se trate de uma ética de trabalho que é construída na cultura dominante ou apenas pais francamente ambiciosos. A imposição é a maneira mais notória de conquistar a sua ambição e o seu destino. No entanto, como forma de levar a vida normalmente acaba não sendo a mais iluminada e, portanto, não sendo a mais feliz. Como forma de "relacionar-se" não é a mais eficaz, já que provavelmente envolverá algum grau de manipulação e terminará em desconfiança. Como forma de "agir" não é a mais estimulante. Como forma de "obter êxito" se parece mais com uma "máquina humana", em função de esquecer que somos, antes de tudo, "seres humanos". Os viciados em ação e os superatarefados são os maiores defensores dessa bandeira de levar a vida na base da imposição.

Sabemos que estamos forçando as coisas quando percebemos e sentimos que eventos e relacionamentos não estão fluindo sem problemas. É por isso que a imposição raramente é sinal de um indivíduo feliz e contente. Sua vida é normalmente um testemunho de constante esforço, luta frequente e caminho aberto às cotoveladas! Não passa a impressão de alguém que está vivendo de uma forma descontraída e natural. Nem alguém que tem consideração ou compaixão pelos outros!

A imposição não tipifica o parceiro ou cônjuge verdadeiramente amoroso, o gerente inteligente ou os pais dedicados. Agindo com base na imposição, todos eles se tornam bastante mal-humorados assim que não conseguem o que querem. Estresse e mau humor constante geralmente são os sintomas primários da estratégia da imposição!

Então, qual é a alternativa a abrir caminho na vida na base da "imposição"? Que outras maneiras existem para se viver sem a necessidade de ser alguém que está constantemente pressionando, insistindo, manipulando, esforçando-se, lutando, bajulando e talvez emocionalmente chantageando os outros?

Há mudanças que você pode fazer visando facilidade e fluidez, uma maneira mais gentil e eficaz de empregar a sua energia navegando pela vida com tranquilidade. São as mudanças de "imposição para disposição". São mudanças que muitas vezes envolvem alteração de crença ou sistema de crenças, para que uma nova mentalidade possa tomar forma. Isso então modifica a maneira como você percebe, pensa e age.

Aqui estão algumas dessas mudanças, que também lhe darão a oportunidade de rever sua própria mentalidade e detectar se você está atualmente vivendo na imposição ou na disposição.

1 A mudança de OBJETOS para PESSOAS

Imposição é enxergar e tratar as pessoas como se fossem objetos, uma espécie de recurso, apenas para concluir um trabalho. Por outro lado, disposição é enxergar e responder às pessoas como seres humanos! Ela começa com a sua visão do outro! Como você considera o outro, percebe o outro, cria o outro, dentro de sua consciência. Se os vir como alguém para fazer algo para você, conseguir algo para você, então provavelmente vai enxergá-los como um objeto, mesmo que você "pareça" apreciá-los por quem eles são. A partir dessa visão surgem expectativas e desejos. É aí que começamos a tentar abertamente pressionar e manipular alguém para fazer o que queremos, ou acreditamos que deveria ser feito.

Tanto a nossa atitude como nosso comportamento vão começar a tornar-se imposição. Eles vão sentir que você não está se conectando com eles como pessoa, mas como um recurso que serve às suas necessidades. Essa é a questão crucial em muitos ambientes de trabalho. Daí o termo Recursos Humanos! É uma das razões pelas quais o local de trabalho muitas vezes não é um lugar tão feliz, mas um espaço de relações fraturadas e de imposição.

Disposição, por outro lado, é conservar uma visão do outro como pessoa, como ser humano, reconhecendo seus sentimentos e aspirações, necessidades e desejos. Isso gera cuidado, apreciação autêntica do outro, empatia para e respeito por ele, o que se traduz em tempo e atenção doados ao outro. É a disposição para essas atitudes que servem ao outro que fortalece tanto a si mesmo quanto a ele, construindo um relacionamento estável.

2 A mudança de CONTROLE para INFLUÊNCIA

Imposição é a tentativa de controlar o que você não pode controlar (normalmente outras pessoas), enquanto que disposição é o desenvolvimento e aplicação das habilidades de influência.

Muitos de nós parecem crescer aprendendo uma lição fatal, a de que outras pessoas são responsáveis pela nossa felicidade. Essa crença errônea molda a nossa principal intenção dentro de muitos de nossos relacionamentos, que é garantir que outros façam, digam, sejam ou nos deem o que nós queremos, para que possamos ser felizes. O que de fato significa libertar-nos da nossa infelicidade! E assim começamos a tentar controlar os outros, o que significa nos impor sobre eles. Começa em nossa cabeça com nosso vocabulário mental, que soa algo como "eles devem" ou "eles têm que" ou "eles precisam". E termina com a nossa decepção emocional quando não o fazem!

No entanto, às vezes eles "parecem" fazer, ser ou dar-lhe o que você quer. É quando você acredita erroneamente que "já os ganhou". É também quando você cria a ilusão (crença) de que os está controlando. Isso o torna preguiçoso dentro do relacionamento. Então, chega o momento em que eles param de obedecê-lo e você fica frustrado, ressentido e desiludido. Nós nos tornamos preguiçosos, o que sabota nossa capacidade de aprender a nos conectar com autenticidade e ser uma influência benéfica para os outros. Muitos pais e gerentes, cujo trabalho é "influenciar", caem nessa "armadilha da preguiça". Eles "acreditam" que estão no controle, mas não estão!

"Imposição é acreditar que a resistência é a maneira de mudar o que não parece estar certo. Enquanto que aceitação é um primeiro passo poderoso para influenciar a direção da mudança ao aceitar as coisas como são!"

Todos nós parecemos propensos a tentar nos impor sobre os outros em algum momento de nossos relacionamentos. Nós falhamos em cultivar atitudes e habilidades que são mais influenciadoras. Mas como você faz isso? Bem, o primeiro passo é parar de tentar controlar os outros e o mundo. É um passo e tanto para muitos. Quando você desiste de tentar controlar o que não pode ser controlado (outras pessoas e quaisquer eventos que estejam a um metro de distância!) vai notar o desaparecimento da maior parte do seu estresse! O segundo passo é aprender e praticar as verdadeiras habilidades de influência. Mas isso é assunto para outro *workshop*! Chama-se vida!

3 A mudança de RESISTÊNCIA para ACEITAÇÃO

Aceitação é a habilidade de influenciar primordial e é essencial para qualquer relacionamento que exige reparo. Imposição é acreditar que a resistência é a maneira de mudar o que não parece estar certo. Enquanto que aceitação é um primeiro passo poderoso para influenciar a direção da mudança ao aceitar as coisas como são! Enquanto a resistência tende a se concentrar no passado, a aceitação concentra-se no presente e no futuro. O precursor de toda a resistência é o sentimento do medo, e todo medo provém do ego. Portanto, toda resistência é essencialmente uma cria do ego.

Parece que muitos de nós viverão a vida toda em um estado de resistência simplesmente porque todos nós aprendemos a criar um ego, que é apenas uma falsa noção de si mesmo. É um erro de identificação. É criado no momento em que perdemos a noção do "eu" para uma ideia ou uma imagem em nossa própria mente. Tentamos construir uma identidade a partir daquilo que não somos! Nós não percebemos que tudo o que somos não muda! Tudo o que somos não será perdido, danificado, ameaçado ou deslocado. Então, quando nos identificamos com o que não somos aprendemos a acreditar que nós, isto é, o nosso eu, pode ser e será danificado, ameaçado, deslocado ou perdido!

Como consequência, nós deturpamos a energia da nossa consciência e a transformamos em medo. Criamos e sentimos a emoção do medo. E é sempre o medo que gera resistência em nosso relacionamento com praticamente tudo e todos.

Alguns desenvolvem esse medo tão intensamente, que mergulham fundo dentro de si mesmos e fecham-se por completo. Eles resistem a todas as tentativas de abri-los. A maioria de nós dá um jeitinho de seguir em frente, tolerando nossas angústias sem perceber que o fazemos! Nós aliviamos a infelicidade que acompanha as resistências induzidas pelo medo entregando-nos a várias drogas como entretenimento, comida, compras, e talvez outras pessoas! Todos nós possuímos nossas válvulas de escape e fugas!

Todos os conflitos nascem da resistência mútua entre duas pessoas, ou dois grupos de pessoas, que então se agrava. A vida só começa, de fato, quando percebemos que a aceitação é a única maneira de nos relacionarmos com tudo e todos, enquanto mantemos alguma forma de felicidade. Aceitação não significa que você concorda com o outro ou aprova o que ele fez. Aceitar "tudo" como é, e "todos" como eles são, é permitir a si mesmo criar a felicidade mais profunda de dentro para fora, o que também é conhecido como contentamento! O medo, em todas as suas formas, desaparece aos poucos ao longo do caminho.

4 A mudança de ORDENAR para PEDIR

Isso acontece quando você percebe que enquanto "parece" que pode ter "poder sobre" os outros, **na realidade** você não tem e não pode ter. Mas você pode ter "poder com"! Impor é mandar, mandar, mandar, e ninguém ama um ditador, ao passo que ter disposição é a arte de "pedir de forma inteligente", para que os outros descubram os seus próprios recursos internos e criem de sua própria maneira. Esse é o segredo da arte do *coaching* e da construção de relacionamentos baseados em confiança, respeito e compreensão.

É bastante óbvio que, quando você passa para o modo ordenar – quando só você fala e os outros escutam –, está tentando impor o que acredita e pensa sobre e para o outro! Bem, há casos em que só você fala e os outros escutam que não são imposição. Por exemplo, quando lhe pediram para compartilhar algumas informações, quando você está contando as últimas novidades ou, talvez, discorrendo sobre como está se sentindo. "Só você falar enquanto os outros escutam" é imposição quando se está coagindo, comandando, exigindo ou esperando. Entretanto, essas formas de comunicação muitas vezes podem ser habilmente disfarçadas. Elas podem ser transmitidas de uma forma suave e sedutora. Mas quando elas vêm com a intenção de manipular o outro, significa que retornamos ao modo "tentar controlar".

"'Só você falar enquanto os outros escutam' é imposição quando se está coagindo, comandando, exigindo ou esperando, mas essas formas de comunicação podem ser habilmente disfarçadas, com a intenção de manipular os outros."

Embora o ouvinte, a princípio, esteja aberto e receptivo, se você não suavizar o seu "ordenar", não vai demorar muito para que os ouvidos se fechem e as mentes se desliguem. Pergunte aos pais que têm filhos adolescentes! Um dos grandes segredos para assegurar que um relacionamento floresça é pedir, pedir, pedir. É um convite para se abrir. É dizer "eu valorizo os seus pensamentos", que é um código para "eu valorizo você". É demonstrar "eu estou aberto a você", é estender o respeito ao outro. É outorgar-lhe poder enquanto ele compartilha o que está em sua mente. Todos nós parecemos saber intuitivamente que essa é a maneira mais poderosa de se conectar e cultivar todo tipo de relacionamento. Mas esquecemos disso! O que nos faz esquecer geralmente é o nosso julgamento sobre o outro! Observe que sempre que você julga o outro não apenas perde sua paz interior como também perde o seu respeito por ele. Você está de volta ao modo "imposição"!

Fazer a transição de imposição para disposição requer um aprimoramento contínuo de autoconsciência. Só então podemos começar a reconhecer os momentos e os comportamentos que estamos criando, que representam uma abordagem de imposição. Os principais sintomas para se estar ciente são reações emocionais, comportamentos resistentes, sentimentos de infelicidade e pensamentos que soem como "eu não estou conseguindo o que quero".

Ir da imposição à disposição não é uma técnica. É um despertar de consciência que é precursor natural de novos comportamentos e formas de se relacionar mais profundas e mais iluminadas.

Pressione o botão pausar e eleve a sua consciência por alguns momentos, considerando o seguinte:

QUESTÃO

Presumindo que todos nós podemos fazer todas as quatro mudanças anteriores, qual delas você sente que mais precisa fazer?

REFLEXÃO

Quais são os seus dois comportamentos mais frequentes que lhe dizem que está tentando impor as coisas?

AÇÃO

Escolha três pessoas que você vê com frequência, relembre as formas como se comporta em relação a elas, que sejam baseadas em imposição, visualize o que poderia ser desprovido de imposição e então coloque em prática esses relacionamentos na próxima semana.

A invasão da imposição

Vivemos em um mundo em que a imposição é cultivada e celebrada em quase todas as áreas da sociedade – a imposição dos belicistas, dos movimentos políticos, do fanatismo religioso, da manipulação econômica, da exploração ambiental, do *marketing* exagerado na mídia, do sucesso desportivo. Nosso culto à rapidez praticamente garante uma vida extremamente estressada, enquanto tentamos por meio da imposição abrir nosso caminho para o futuro, mais rápido hoje do que ontem! Isso, por sua vez, exige que obriguemos a extração de mais energia do mundo natural para sustentar a nossa dependência de rapidez e superficialidade à custa de substância e valor.

A imposição invasora do entretenimento, e da publicidade que vem com ele, tem a ver basicamente com pessoas que utilizam manipulação emocional para tentar nos forçar a criar mais emoções em nós mesmos, para que nos tornemos dependentes delas. A maioria das narrativas ficcionais, projetadas pelos dramas do cinema e da televisão, é sobre pessoas tentando se impor aos outros para obrigá-los a fazer o que elas querem!

"A maioria das narrativas ficcionais, projetadas pelos dramas do cinema e da televisão, é sobre pessoas tentando se impor aos outros para obrigá-los a fazer o que elas querem!"

Consequentemente, aprendemos que a vida é, por definição, um exercício de imposição. Temos a tendência de aprender que o sucesso tem de ser, só pode ser, resultado da imposição!

A imposição do *marketing* tem como missão nos fazer acreditar que nós queremos o que não precisamos! O negócio deles é tentar continuamente empurrar nossas percepções e aspirações para um lugar onde eles possam manipular as nossas decisões.

Disposição restaurada

Disposição, por outro lado, é exercida quando decidimos não sucumbir mental e emocionalmente a essas imposições. Disposição é a nossa própria capacidade de discernir e de "enxergar através" das tentativas de manipulação dos outros. A disposição é exercida quando somos capazes de manter a calma e não nos deixar ser influenciados pelas exortações emocionais projetadas sobre nós através das muitas janelas de um mundo movido pela mídia. A disposição é exercida quando o sucesso é obtido para ser a maestria de nosso estado de ser, e não apenas mais uma conquista no mundo.

Obviamente, não podemos controlar aquelas inúmeras imposições externas que tentam invadir e moldar nossas vidas. Nós só podemos fazer escolhas sobre como vamos levar a nossa própria vida no dia a dia, minuto a minuto, em relação a tais imposições. Mas nós temos, sim, escolhas em quase todos os momentos.

Aqui estão mais cinco mudanças cruciais de "imposição para disposição" nas formas que usamos nossas energias em nossa vida pessoal.

5 A mudança de OBTER para DAR

Estamos todos obtendo! Bem, talvez não todos nós, não o tempo todo, não em todas as situações. Mas "obter" é a programação herdada que a maioria de nós parece ter assimilado. Acreditar que a vida é "para se obter" e as coisas têm de ser conseguidas enquanto se pode orienta muitas escolhas de vida numa abordagem de imposição. As oportunidades devem ser "agarradas" quando aparecem, outra pessoa deve ser "conquistada" para a sua vida, o dinheiro deve ser "ganho" para viver, coisas devem ser "adquiridas" para criar uma vida confortável, acumule o máximo que puder se você quer ser bem-sucedido... são todas mentalidades que garantem que vamos tentar impor à própria vida que nos entregue exatamente o que queremos, geralmente justificado como o que precisamos!

"Disposição é a nossa própria capacidade de discernir e de 'enxergar através' das tentativas de manipulação dos outros."

Algumas almas iluminadas perceberam que pensar sempre sobre o que "eu quero" e sempre tentar obter, adquirir, possuir e acumular para "mim" somente vai levar a "emoções infelizes", tais como a ansiedade, a tensão, a decepção e a raiva. Para não mencionar a pressão para manter o fluxo das nossas acumulações. Tais almas vislumbraram uma verdade mais profunda que nos lembra de que não estamos aqui para obter, mas para nos doar, expandir o nosso ser, partilhar as nossas energias. É o jeito da natureza.

Elas nos lembrariam que "dar" é o impulso primordial da natureza humana. Elas perceberam a "disposição para dar" e que, paradoxalmente, é só na genuína doação que o verdadeiro amor é gerado e conhecido. Dizem que é nesse estado de amor que encontramos também nosso senso de autêntica segurança, que muitos de nós erroneamente buscamos no mundo, nas "coisas" e nas pessoas. Elas afirmam que amar e doar com amor é o que fortalece a si mesmas de dentro para fora. Muitos provavelmente concordariam com isso, mesmo que apenas intuitivamente a princípio!

6 A mudança de CONDENAÇÃO para COMPAIXÃO

Não costumamos perceber quão desassossegados nos tornamos cada vez que julgamos e condenamos outra pessoa ou algum evento. Mesmo que seja apenas algo ou alguém que vemos na TV. Não é fácil enxergar como e por que o julgamento pode ser um estado de imposição. Somos muito rápidos em condenar os crimes, as emoções, as decisões e a menor ação dos outros.

Nosso julgamento e a subsequente condenação nos cega para o fato de que os outros cometem erros, em geral devido a decisões erradas, pelo simples fato de terem perdido temporariamente o acesso à sua própria sabedoria inata. Foram programados por uma série de crenças assimiladas geralmente na infância, que moldam suas ações hoje. Mas nós não "enxergamos" isso, não conseguimos enxergar, já que de forma projetiva impomos nossos julgamentos a eles.

Sempre que condenamos, não apenas perdemos a nossa paz, e de certa forma ficamos um pouco irritados, como sofremos uma infelicidade baseada em nossa tentativa fracassada de forçar os outros a ver isso, fazer isso, ser isso, de acordo com o "nosso jeito"! Não importa quão certos podemos acreditar que estamos; ainda assim, é uma forma de arrogância. E tudo está acontecendo em nossas próprias cabeças.

Não há a menor chance de a compaixão entrar em nossa consciência, a menos que as emoções por trás da nossa condenação crítica sejam dissipadas. A disposição para a compaixão nasce da aceitação e da compreensão. Nasce quando paramos de tentar julgar e corrigir os outros e o mundo em nossa mente, e percebemos que "todos" e "tudo" lá fora, embora longe da perfeição, estão agindo e se desenrolando como tem que ser, como era para ser, como "deveria" ser. E que qualquer forma de violência praticada pelos outros não é razão para condenar, mas uma oportunidade de compreender que isso é apenas um sinal de que eles estão adormecidos, inconscientes e não iluminados, e em um estado de sofrimento interno.

Não é tão fácil enxergarmos, nos momentos em que assumimos o papel de juiz e júri, que a nossa condenação é, ela mesma, uma forma de violência.

"CRENÇAS são o que 'pensamos' ser verdadeiro (mas não 'sabemos' ser verdadeiro), enquanto que valores são aquilo com o que nós 'nos importamos'."

7 A mudança de PODER POSICIONAL para PODER RELACIONAL

Posição, para muitos, significa "poder". Alguns percebem que assim que usam sua posição para conseguir que algo seja feito, ou tentar manipular os outros, eles estão se utilizando da imposição e, portanto, estão diminuindo seu poder! Todos nós conhecemos a situação de estarmos submetidos a alguém que se utiliza do chamado "poder posicional". Pessoas desse tipo tentam nos forçar a fazer ou ser algo que elas desejam para si mesmas. Normalmente nos ameaçam com consequências. Logo, perdemos o interesse no relacionamento e podemos acabar nos afastando delas.

"Poder relacional", por outro lado, é construído com base na aceitação do outro. Ele se torna o terreno para cultivar confiança e respeito mútuos. São os fios entre as pessoas através dos quais existe uma troca de energia, um fluxo recíproco, que é fortalecedor para ambas as partes. Elas formam uma fundação relacional que não estremece toda vez que a adversidade bate à porta.

O poder posicional é baseado em uma forma de tentativa de controle "sobre" o outro. O poder relacional é o poder "com" o outro. Ele fornece a base para um relacionamento estável e mutuamente respeitoso, que é capaz de operar, criar e sustentar em conjunto tudo o que pode ser gerado e compartilhado por ambas as partes.

8 A mudança de CRENÇAS para VALORES

Imposição é viver por um conjunto de crenças aprendidas e tentar forçar essas crenças sobre os outros. Disposição, por outro lado, é perceber conscientemente seus valores e permitir que eles norteiem suas decisões e ações, sem forçá-las sobre os outros. Por exemplo, você "acredita" em competição e, portanto, mantém uma atitude competitiva? Se sim, você está usando uma imposição que é movida pela energia drenadora do medo – o medo de perder.

Ou você "valoriza" a cooperação e, portanto, inspira unidade de foco e ação? Se esse é o caso, então você está usando as energias fortalecedoras do amor. Onde há cooperação há unidade, e onde há unidade há amor! Não amor de Hollywood, mas a energia natural do coração humano que se conecta facilmente com os outros. Mas, enquanto continuarmos "acreditando" em competição, essa "crença" sempre vai sabotar nossa capacidade de gerar uma atitude de cooperação.

O combustível da crença

A maioria de nós aprende a conduzir nossas vidas com o combustível de crenças e sistemas de crenças. Nós raramente nos damos conta de que crenças são entidades estáticas dentro da nossa consciência, que exigem ser exibidas e reafirmadas por meio de nossas atitudes e ações. Crenças tendem a tornar rígidas as nossas percepções e comportamentos. Crenças podem ser desafiadas e, portanto, ameaçadas; por isso, muitas vezes elas exigem uma posição defensiva. Crenças tornam-se nossos apegos sutis e reprimem a nossa capacidade de inflamar, energizar e viver os nossos valores. Crenças são o que "pensamos" ser verdadeiro (mas não "sabemos" ser verdadeiro), enquanto que valores são aquilo com o que nós "nos importamos". E, ao nos importarmos, estamos "sendo verdadeiros".

Quando nós nos apegamos às nossas crenças, e aos princípios que gostamos de construir a partir delas, diminuímos nossa capacidade de dar, de nos importar com o outro. A "crença" em se importar não é a mesma coisa que se importar de verdade, que é o sentimento que surge quando de fato "valorizamos" o outro. Quando esse "se importar" é impulsionado pela crença de que é a coisa certa a fazer, é mais como um dever, é uma forma de imposição. Já a disposição é a preocupação que emerge da intenção natural de cuidar do outro por nenhuma outra razão a não ser a de que nós o valorizamos.

"Nossa crença na sobrevivência como propósito da vida tende a garantir que nos isolemos; se não dentro da comunidade, ao menos em nossa própria consciência."

Mas se nós nos importamos menos somente porque sabemos que o outro possui um sistema diferente de crenças é porque nosso apego às nossas crenças supera a nossa capacidade de valorizar, isto é, de cuidar. Essa é a essência da tensão entre as religiões. Elas parecem defender os mesmos valores, que são poderosos quando entram em ação. Mas elas sabotam tudo isso lutando pelas diferenças entre as suas crenças.

A crença está por trás da imposição, ao passo que "valorizar" sustenta a disposição. Não disposição para ter poder sobre, ou para ser mais poderoso do que, mas disposição da nossa consciência quando acessamos a nossa sabedoria inata para aceitar, abraçar e nos importar com todos os outros, como eles são, independentemente de suas crenças.

9 A mudança de SOBREVIVER para SERVIR

Você está aqui por si ou está aqui para servir aos outros? A imposição irá surgir a partir da crença de que o propósito da vida é a sobrevivência. Ela nos faz transformar a vida em uma luta e desenvolve a fraqueza espiritual conhecida como sentimento de medo. Por outro lado, quando o propósito da vida é "servir", a intenção e ação de doar torna-se a base do nosso crescimento. Ela invoca, de dentro para fora, a força espiritual que chamamos amor. Quando essa força interior é real, a sobrevivência deixa de ser um problema.

Por que estou aqui? Por que estamos todos aqui? Essas são perguntas que passam pela cabeça da maioria das pessoas em alguma fase da vida. Algumas tentarão verdadeiramente encontrar o sentido da vida. Muitos de nós somos ensinados a acreditar que a vida é basicamente uma luta darwiniana pela sobrevivência do mais apto. Estamos doutrinados pela filosofia do "eu em primeiro lugar", do imperativo "é melhor você cuidar de si", porque "o mundo lá fora é um pega pra capar"!

Assim, o nosso objetivo padrão torna-se a sobrevivência, já que é dessa forma que somos ensinados a interpretar a nossa estada no macrocosmo, de toda a vida no Planeta Terra. Portanto, parece fazer sentido aplicar isso ao microcosmo de nossa própria vida. O que nós não percebemos é que o modo sobrevivência equivale ao modo medo, que equivale ao modo infelicidade, o que significa que o sentido da vida parece ser um processo de tolerar perpétua infelicidade. Mas não é fácil enxergar e ligar esses pontos.

Outros, contudo, parecem perceber que estamos aqui para servir, para doar, para ajudar, para guiar... os outros! Quando essa compreensão começa a se manifestar, a sobrevivência torna-se algo sem importância. Servir é tornar-se valioso para os outros! É aí que você conhece o seu próprio valor. A vida automaticamente torna-se mais significativa. É por isso que algumas pessoas abrem mão de um estilo de vida materialmente confortável e partem para ajudar aquelas que têm menos conforto. Elas reconhecem o poder que reemerge de dentro quando fazem a mudança de sobreviver para servir.

"Estamos doutrinados pela filosofia do 'eu em primeiro lugar', do imperativo 'é melhor você cuidar de si', porque 'o mundo lá fora é um pega pra capar'!"

Mais uma vez, pressione o botão pausar e eleve a sua própria consciência considerando o seguinte:

QUESTÃO

Presumindo que todos nós podemos fazer todas as cinco mudanças anteriores, qual delas você sente que mais precisa fazer?

REFLEXÃO

Crie uma maneira de avaliar o dia que passou em termos de momentos de imposição e momentos de disposição, enquanto você reflete sobre os acontecimentos no final do dia!

AÇÃO

Encontre duas outras pessoas – amigos são recomendáveis –, leve-as para tomar um café e inicie um profundo debate sobre a diferença entre imposição e disposição. Iluminem-se reciprocamente!

VOCÊ SE IMPRESSIONA COM FACILIDADE?

Sempre que viajamos, voltamos com uma "impressão" global da nossa experiência da viagem e do destino. Às vezes, a impressão não é tão boa, enquanto outras vezes podemos até dizer: "Eu fiquei tão impressionado com o que vi!" Fazemos o mesmo com as pessoas. Algumas parecem nos impressionar, enquanto outras têm o efeito oposto, e podemos até dizer: "Eu não fiquei nem um pouco impressionado com fulano".

Parece haver uma escala de "impressionabilidade". Em um extremo há aqueles que são facilmente impressionáveis, o que de fato significa facilmente influenciáveis. Não é preciso muito para conquistar-lhes a admiração, que pode, eventualmente, beirar a adoração. Enquanto, no outro extremo, há aqueles que são quase impossíveis de impressionar. Eles parecem indiferentes, independentemente do espetáculo ou da extensão das realizações dos outros ou até mesmo do carisma alheio. Eles têm uma visão habitualmente negativa da maioria das pessoas e eventos ou se deram conta da "armadilha" que pode ser deixar-se impressionar.

Preso na superfície

E quanto a você? Você se impressiona fácil? Você ouve com muita frequência: "Uau... isso não é/eles não são... simplesmente incrível/incríveis?" Você se joga aos pés de alguém que considera "especial", metaforicamente falando? Ou você é difícil de se comover, difícil de impressionar?

Se você se impressiona fácil, isso provavelmente significa que tem "tendências devocionais". Ser facilmente impressionável não é uma coisa ruim em si, mas pode ser uma desvantagem se você estiver procurando discernir as verdades mais profundas sobre a vida, o universo e, bem... tudo! Por quê? Porque ser facilmente impressionável significa que há a tendência de se ficar preso na superfície da vida, preso a aparências externas, às características superficiais do mundo ou aos comportamentos dos outros. E isso bloqueia a sua capacidade de discernir o que é "profundidade" e de encontrar um significado mais profundo dentro de si mesmo.

Para entender exatamente por que "ser impressionado" não é uma ideia muito boa é necessário ver e compreender a dinâmica, ou seja, o mecanismo que ocorre dentro de nossa consciência quando uma "impressão" acontece.

Sendo moldados

Sempre que você se deixa impressionar, naquele momento – seja lá o que for que o está deixando impressionado – está moldando a sua consciência, que é você! Crianças brincando de moldar formas na massinha de modelar deixam os pedaços de massinha com uma impressão moldada. A forma original da massinha se perde. E o mesmo acontece conosco quando permitimos que nós – a nossa consciência – sejamos impressionados. Perdemos a forma da nossa consciência, o que significa que perdemos o domínio sobre ela.

Perdemos a capacidade de criar nossos próprios pensamentos e sentimentos à medida que eles são moldados quase que inteiramente pela impressão que nós "autorizamos" a pessoa/lugar/acontecimento deixar. A forma extrema disso é o "culto"; uma devoção absoluta a um objeto, pessoa ou mesmo ideia, a tal ponto que ele tanto molda os pensamentos que surgem em nossa mente como "distorce" a nossa capacidade de discernir e decidir corretamente. Como resultado, começamos a gerar "parcialidade" e, talvez, no final, alguma forma de "preconceito".

Lei mental

Poderíamos dizer que é uma coisa perfeitamente natural, porque isso é o que os seres humanos parecem fazer há séculos, se não há milhares de anos. Arqueólogos passam a vida colhendo artefatos dos povos antigos, numa tentativa de entender por que eles eram tão impressionáveis, e, portanto, totalmente influenciados por alguém ou algo. Os historiadores passam a vida analisando as palavras e ações dos indivíduos que se recusaram a ficar impressionados, e, portanto, influenciados, por alguém em particular e por tudo em geral.

Se entrarmos nos quartos da maioria das crianças, é provável que encontremos fotos de seus heróis, normalmente personalidades dos esportes, música ou mídia, afixadas às paredes. *Playgrounds* são vitrines de imitações, já que elas ali se vestem, falam e agem como a pessoa que mais as têm impressionado. Tudo diversão inofensiva, podemos pensar. É apenas uma fase do crescimento, pode-se dizer. Mas há uma lei mental que diz que você vai se tornar "parecido" com o objeto ao qual sujeitar a sua mente consciente. Dessa forma, é fácil nós NÃO aprendermos a ser o mestre de nossa própria consciência, é fácil nós NÃO aprendermos a ser a autoridade de nossos próprios pensamentos e sentimentos, é fácil nós NÃO aprendermos a ser o nosso "eu" natural e livre.

"É fácil nós NÃO aprendermos a ser o nosso 'eu' natural e livre."

Dito isso, a única maneira de obtermos uma "sensibilidade" para avaliar se é certo ou errado, adequado ou inadequado tornar-se impressionado é através das lentes de nossa própria experiência pessoal. No espírito de autorreflexão, que todos estes curtos ensaios procuram incentivar, aqui estão algumas áreas comuns em que todos nós costumamos ficar impressionados – e muitas vezes extremamente impressionados – e o efeito que isso tem. Veja se algum "bate" com a sua experiência.

Ser impressionado pela riqueza do outro bloqueia a criação de sua própria riqueza

A verdadeira riqueza não é material. A genuína riqueza compreende suas habilidades inatas e as qualidades do seu ser. Quando essas habilidades/qualidades, esses atributos da consciência, do seu eu, são utilizados da maneira certa e no momento certo, eles vão naturalmente atrair riqueza material em troca. Quando você se impressiona pela riqueza material de outra pessoa é como se estivesse suprimindo a noção de seu valor e a sua autoestima, diminuindo assim o seu autorrespeito, ou seja: tudo o que é necessário para fortalecer suas próprias qualidades/habilidades inatas.

Ser impressionado pela "posição" do outro bloqueia a sua capacidade de se relacionar e interagir com a "pessoa que a ocupa"

Muitos de nós aprendemos a respeitar a autoridade da posição mais do que a pessoa que a ocupa. Isso muitas vezes acontece quando o respeito é confundido com medo. Pais e professores podem facilmente transmitir essa noção errônea se eles próprios usam sua posição para manter a autoridade sobre os filhos e alunos. Em geral, é por isso que muitos de nós passamos o resto da vida reverenciando excessivamente autoridades. Tornamo-nos impressionados com a "posição", o que bloqueia a nossa capacidade de nos relacionarmos de forma assertiva com a "pessoa que a ocupa". A pessoa não é a posição. Essa inclinação para reverenciar, se não temer, a posição de autoridade sabota nossa própria autoridade em nossa vida.

Ser impressionado pelo caráter do outro bloqueia o desenvolvimento do próprio caráter

Sejam quais forem as qualidades que vê no outro, você já as tem dentro de si mesmo; do contrário, não poderia reconhecê-las. Mas quanto mais você se permite ficar impressionado com os atributos do caráter "dos outros", menos os desenvolve para si mesmo, dentro de si, e mais suprime seu próprio potencial. Isso não quer dizer que você não deva "apreciar" as qualidades do caráter do outro. O reconhecimento é um ato de doação de dentro para fora; enquanto ser "impressionado" é um ato de tomar de fora para dentro.

Ser impressionado pelo intelecto de outro bloqueia o fortalecimento do próprio intelecto

Seu intelecto é como um "olho interior" que precisa ser límpido e livre, a fim de se concentrar e discernir. Mas se você está sempre observando os outros e permitindo que a capacidade intelectual deles o impressione, é como se a atenção do seu olho interior fosse "capturada" por eles e se perdesse "neles". Você fica preso à capacidade intelectual dos outros, quando poderia estar desenvolvendo a sua própria.

Ser impressionado pelas realizações dos outros bloqueia o seu caminho para a realização

Quando você coloca outra pessoa em um pedestal por causa de suas realizações e a mantém lá, enquanto fala sobre como você está impressionado com ela, é provável que esteja se comparando sutilmente com essa pessoa. É possível que você pense e até diga: "Eu não sou tão bom quanto ela, e provavelmente nunca serei tão bem-sucedido quanto ela é". Em sua consciência você a está usando para suprimir a si mesmo.

Ser impressionado pelos sistemas de crenças apresentados como verdades por outros bloqueia a sua capacidade de discernir o que é verdadeiro para você

Mesmo que aquilo que os outros estão dizendo possa "soar verdadeiro", se você não "perceber" tais verdades por si mesmo, o fato de simplesmente acreditar nas crenças deles não irá fortalecê-lo. Na verdade, é um sinal de preguiça deixarmos de fazer o trabalho interior de buscar perceber o que é verdade para nós mesmos. A história nos lembra o que pode acontecer quando um grande número de pessoas fica impressionado com um indivíduo e, então, passa a segui-lo "cegamente". Essas pessoas tornam-se tão impressionadas e tão cegas que não conseguem ver a borda do precipício!

Sermos continuamente impressionados por alguém ou alguma coisa normalmente significa que estamos usando esse alguém ou essa coisa para preencher uma lacuna ou um vazio ilusório em nós mesmos. Isso é difícil de enxergar até nos afastarmos e refletirmos sobre nossos processos mentais e intelectuais. Isso não quer dizer que não devemos apreciar as realizações ou os talentos dos outros. Não quer dizer que não devemos reconhecer as qualidades deles. Mas reconhecer e valorizar não são a mesma coisa do que "ficar impressionado com".

Quando você fica impressionado está sutilmente se curvando, não por humildade, mas por subserviência. Está dizendo, ainda que sutil ou inconscientemente: "Você é maior, você é melhor, eu sou um ser inferior". Em tais momentos, você está suprimindo sua autoestima, seu autorrespeito e, por fim, a sua autoconfiança.

A diferença entre ficar impressionado, perdido no que você está impressionado e ser grato pode ser constatada na plateia do teatro. Algumas pessoas ficam tão impressionadas com a apresentação que batem palmas furiosa e animadamente, talvez mesmo dizendo: "Eles não são simplesmente maravilhosos, prodigiosos, fantásticos? Mal posso esperar para voltar!" Elas estão "tirando" do desempenho. Ao passo que outras pessoas estão aplaudindo calmamente, enquanto "doam" o seu apreço pela excelência da apresentação. Não ficam empolgadas com aquilo. Elas estão "doando" para os artistas.

Há também um paradoxo interessante nisso tudo. Quanto menos impressionado *pelos* outros você está, menos irá querer causar uma impressão *nos* outros, a fim de obter a aprovação deles, e mais irá atrair a apreciação *dos* outros, naturalmente.

Experimente e veja por si mesmo!

QUESTÃO

Quem em sua vida, agora ou no passado, tem sido a(s) pessoa(s) com que você ficou impressionado por mais do que alguns momentos?

REFLEXÃO

O que você pensa e sente quando está "impressionado" com "elas"?

AÇÃO

Experimente transformar sua energia em relação a elas, de "ficar impressionado" para "ter apreço por".

OS OXÍMOROS DA VIDA

Você já notou um ponto cego em sua visão? Muitas vezes chamado de "escotoma", parece que todos nós temos um em pelo menos um dos nossos olhos. Mas não o percebemos, já que o outro olho compensa e preenche a parte que falta da imagem! Mas você já identificou o ponto cego em seu olho interior, no que se pode chamar de visão interior ou consciência?

A maioria das pessoas não tem conhecimento do seu "escotoma" físico, mas algumas pessoas estão decididas a se tornarem plenamente conscientes dos pontos cegos no "olho interior". Elas percebem que muitas vezes não estão "enxergando", ou seja, compreendendo algo claramente, e sabem que é uma forma de cegueira interna que está afetando a sua consciência naquele momento.

Um ponto cego no seu "olho da consciência", muitas vezes chamado de olho do intelecto, ou terceiro olho, normalmente possui um destes três sintomas:

a) quando você diz uma coisa e faz outra, e não tem consciência de sua própria contradição;

b) quando "acusa" os outros de um comportamento que você mesmo está tendo;

c) quando se apega a uma crença (em geral, subconscientemente) que lá no fundo sabe que não é verdadeira.

Contradições populares

Tais contradições podem se apresentar de várias formas. Quando critica alguém por ser sempre crítico e negativo em relação às coisas, não reconhece que você está sendo criticamente negativo sobre o criticador! Quando acusa os outros de serem abusivos, não percebe que está sendo abusivo com a pessoa abusiva. Quando odeia aqueles que odeiam, não consegue ver nesse momento que você mesmo se tornou alguém que odeia! Quando diz a alguém que o ama e, depois de alguns instantes ou dias, fica irritado e o culpa pelo que você sente, não tem consciência de que acabou de contradizer o que havia dito. No entanto, se confrontado, você provavelmente vai justificar a sua raiva em nome do amor, citando um dos oxímoros musicais mais populares: "o amor fere!"

Para alguns, tais momentos de contradição podem ser frequentes dentro de um dia normal, mas eles não têm consciência deles, não os percebem na hora. Para outros, há uma sensação de desconforto que se segue a essas percepções, declarações ou ações contraditórias, mas eles não conseguem descobrir o que exatamente originou o desconforto. São os amigos, familiares ou colegas que geralmente irão apontar seus "escotomas comportamentais", permitindo que percebam o que não estão vendo por conta própria.

"Você provavelmente vai justificar a sua raiva em nome do amor, citando um dos oxímoros mais populares: 'o amor fere!'"

Contradições populares e coletivas também podem ser encontradas em conversas do dia a dia. São os muitos oxímoros que habitam as paisagens de nossa consciência, que são produzidos por nossa língua e, portanto, moldam as nossas culturas. Veja se você consegue identificar quantos oxímoros existem no seguinte trecho:

> *Ela voltou de um feriado de trabalho e descobriu que o filho passara a maior parte do tempo fazendo nada além de jogar jogos de computador baseados em realidade virtual. Seu marido estava visivelmente ausente, então ela ligou para o corretor para lhe pedir uma estimativa precisa sobre o valor de sua casa. E embora o corretor tenha sido terrivelmente agradável e dito que alguns aspectos da casa pareciam melhores do que novos, a empresa de produção de cinema local havia ligado e a queria como locação para uma comédia de humor negro sobre mortos-vivos.*

Gerenciando o nada

Outras contradições mais comumente empregadas tornam-se pontos cegos que podem nos manter coletivamente presos em uma espécie de ilusão. Um dos exemplos mais comuns é a ideia de **"administrar o estresse"**. Nos últimos vinte anos, uma florescente indústria emergiu em torno desse oxímoro e muitos têm caído nessa conversa que não leva a lugar algum. Eu mesmo caí nessa história durante alguns anos, até que identifiquei o oxímoro.

"Administração da raiva é outro oxímoro, que sustenta a ilusão de que a raiva pode e deve ser administrada."

Dados sobre os níveis de estresse estarem aumentando quase que diariamente são veiculados com frequência. Normalmente acompanhados de previsões catastróficas sobre o colapso dos serviços de saúde e muito sofrimento corporativo como pano de fundo! Houve uma explosão de panaceias que, em geral, o que têm de variadas têm de excêntricas. Todas elas prometendo maneiras confiáveis de "administrar" o seu estresse. Mas poucos têm identificado o oxímoro. É uma contradição clássica em termos. Quando você está estressado não consegue administrar nada, especialmente o próprio estresse. É ele que está administrando você! E, afinal, quem iria querer "administrar" o estresse?

Livrar-se do estresse, sim; administrar o estresse, não!

A ironia que reside na própria ideia de administrar o estresse é que este surge principalmente porque estamos tentando controlar (administrar) o que jamais podemos controlar, geralmente acontecimentos e outras pessoas. Assim, a única forma de escapar e viver uma vida livre de estresse é parar de tentar controlar (administrar) aquilo que você não pode controlar; que é tudo, exceto seus próprios pensamentos sobre o que você está tentando controlar! E você não será capaz de controlar os seus pensamentos se estiver estressado, porque o estresse é basicamente pensamento incontrolável e negativo. Um oxímoro e um paradoxo chegando juntos!

Administração da raiva é a mesma coisa; outro oxímoro que sustenta a ilusão de que a raiva pode e deve ser administrada.

Inundação emocional

Um dos temas quentes da última década tem sido "**inteligência emocional**". Mas poucos se deram conta de que se trata também de outro oxímoro. Quando você está "emocional" não pode ser inteligente. Uma definição simples de inteligência é "*usar o que você sabe da maneira certa no lugar certo e no momento certo*". No entanto, todos nós sabemos por experiência própria que, quando nos tornamos emocionais, a última coisa que somos capazes de fazer é tranquilamente evocar a nossa sabedoria interior, criar pensamentos racionais e discernir claramente qual é a resposta adequada. Quando a emoção inunda a nossa consciência destrói a nossa capacidade de agir de forma inteligente, daí o sábio conselho de nunca tomar uma decisão que mudará sua vida quando "estiver emocional".

A história está repleta de exemplos de um oxímoro muito claro embutido na ideia de uma "**guerra santa**". Justificar a guerra chamando-a de ato santo parece à alma iluminada uma cegueira total. Santo significa sagrado ou próximo do divino, e guerra significa quase que exatamente o oposto. É um exercício violento e mortífero. Deixamos passar esse que é um dos mais óbvios pontos cegos quando justificamos o uso da guerra para abrir caminho para a criação da paz. Temos de "lutar pela paz" é mais do que uma ligeira contradição. Estamos realmente dizendo que temos de usar a violência para alcançar a não violência. Poucas pessoas tiveram a coragem de "chamar a atenção" para uma contradição tão gritante; menos gente tem tido a coragem de prestar atenção, e menos gente ainda a coragem de viver de forma oposta. Gandhi foi talvez um desses pouquíssimos.

Ataque justificado

Em um nível mais pessoal, e sendo às vezes prenúncio de conflitos, há outro oxímoro mais comum, que surge na forma de "**crítica construtiva**". "Eu estava apenas sendo construtivo", diz o criticador, logo depois de ter atacado os esforços, as ideias ou a integridade do outro. Criticar é atacar, e atacar qualquer coisa ou pessoa nunca pode ser construtivo. Embora os críticos de arte, de literatura e de teatro tenham por trabalho "criticar", o que escrevem são mais como resenhas, a menos e até que a emoção invada a resenha, e então ela se torna uma reação pessoal, em vez de uma resposta reflexiva. A projeção emocional é muitas vezes o primeiro sinal de ataque.

Talvez um dos oxímoros com maior visibilidade esteja incorporado no título de uma de nossas mais prestigiadas organizações globais, conhecida como **Nações Unidas**. O próprio fato de que temos identidades nacionais separadas significa que uma unidade real será sempre impossível, o que é bastante fácil de observar na atual realidade das relações entre nações! A unidade só está presente quando a separação está ausente. O título da organização sustenta o oposto de sua missão. É como dizer: "nós somos um só". O próprio "nós" é mais do que um, obviamente!

"Nossa formação acadêmica é chamada de aprendizagem, mas é principalmente memorização, o que não é aprender, é decorar."

Um oxímoro que influencia todos nós é a ideia de "aprendizagem acadêmica". Nossa formação acadêmica é chamada de aprendizagem, mas é principalmente memorização, o que não é aprender, é decorar. É também a memorização de memorizações anteriores de outras pessoas; pessoas que estão posicionadas como prestigiosas figuras do passado. As ideias de tais "autoridades" são conservadas na mais alta conta e passadas adiante às novas gerações.

Mas a verdadeira aprendizagem só pode acontecer quando o "eu" reconhece a si mesmo como sua própria autoridade no universo da sua própria consciência. Só então é possível o verdadeiro aprendizado, que é aprender o que o "eu" é e como o "eu" funciona, como o "eu" se relaciona com outros "eus", como o "eu" cria o seu mundo e por que o "eu" está aqui pra começo de conversa! Esses aspectos da riqueza e capacidade do "eu" não podem ser aprendidos por meio de um processo de memorização de informações. Eles são percebidos somente através da introversão e da reflexão, da meditação e da contemplação. Se há um assunto na vida que nunca pode ser "acadêmico" é o da consciência, que é o próprio "eu"!

Sempre é um exercício interessante atentar para os oxímoros que se tornaram inerentes à nossa cultura. Eles podem facilmente influenciar suas intenções e relacionamentos. Perseguir as suas contradições é uma parte muito importante do despertar e da expansão da sua autoconsciência. Quando você as expõe dentro de sua consciência está lançando luz sobre uma ilusão, expondo uma mentira e revelando a verdade. Tais momentos de iluminação são sempre bem-vindos ao viajante espiritual e são passos vitais para a libertação na vida.

Hum... "viajante espiritual"... mais um oxímoro?

QUESTÃO

Você já se deu conta de que estava se contradizendo ou fazendo alguma coisa que contradizia algo que dissera? Que ação foi essa? Você ainda a realiza?

REFLEXÃO

Por que ainda achamos difícil enxergar as contradições que entram furtivamente em nossa própria vida?

AÇÃO

Estimule uma conversa com amigos ou colegas esta semana com a finalidade de identificar qualquer coisa contraditória em suas ações e nas interações do grupo.

(Havia 9 oxímoros no parágrafo em itálico.)

QUAL O SEU PAPEL NO FILME DE SUA VIDA?

Uma das metáforas mais comuns para descrever a vida na Terra é a ideia de uma "peça de teatro" ou, em termos mais contemporâneos, um filme. Shakespeare nos lembra que o mundo é só um grande palco e sugere que nós passamos nossa vida interpretando muitos papéis. Não somos inclinados a nos ver como atores, com várias opções de papel. Em vez disso, tendemos a nos identificar com um ou dois papéis fixos em nossos próprios dramas particulares. Um no trabalho e um em casa. Então, cometemos o erro comum de nos "identificarmos" com os papéis, não percebendo como isso limita tanto o nosso potencial quanto a nossa criatividade, e o resultado disso é que acabamos levando a vida muito a sério!

Aprender a acreditar que você é os papéis que desempenha é estar adormecido e sem saber como viver de forma criativa e com alegria!

Quando nos lembramos de que temos tanto a oportunidade de "interpretar" muitos papéis como também a de "criar" esses papéis, de repente a vida começa a se tornar criativa e divertida novamente! A mentalidade – e suas consequentes atitudes e comportamentos – baseada na vida como um jogo criativo e divertido é uma realidade em nossa infância. É nessa época que, pela última vez na vida, muitos de nós "brincamos" apenas pelo prazer de brincar e "criamos" apenas pelo prazer de criar.

Infelizmente, essa abordagem alegremente criativa foi aos poucos suprimida pelo condicionamento social à medida que crescemos e adentramos as convenções dos relacionamentos adultos, meandros da carreira e uma noção de segurança que se baseia nos aspectos materiais externos da vida. Nós facilmente aprendemos a acreditar que o mundo é um lugar sombrio e perigoso, e começamos a perceber os acontecimentos e circunstâncias como ameaçadores. Esquecemo-nos de que vivemos no que é, em essência, um parque de diversão, onde cada cenário e cada situação são oportunidades de brincar.

Se pudermos ver a vida mais como uma peça de teatro, como uma oportunidade para criar e interpretar tantos papéis quantos quisermos, é possível também vermos que podemos escrever nosso próprio *script*. Ele começa em nossa cabeça, onde povoamos o nosso mundo interior com muitos personagens e atribuímos vários papéis para nós mesmos. Todos nós somos os senhores de nossas próprias peças mentais e atores brilhantes em nossa mente. Mas quando se trata de dar vida à nossa produção interior e aos nossos papéis achamos difícil "agir".

Para muitos, se não a maioria, parece difícil "concretizar" para valer na vida real os papéis que podemos "idealizar" em nossa mente.

As SUAS aventuras

Digamos por um momento que você acredita que realmente poderia escrever a história de sua vida. Uma vez escrita, você seria também o produtor, diretor e estrela de **As MINHAS aventuras**. Como você gostaria que fosse? Como vê a sua história de vida se desenrolando? Todas as boas histórias começam com uma ideia, um conceito e um esboço! Calcula-se que todas as histórias com começo, meio e fim, especialmente na "indústria hollywoodiana", recaem em uma das sete possíveis categorias ou temas. No espírito de criatividade, qual "tema" melhor descreve **As MINHAS aventuras** da maneira como você imagina?

1 Sua vida como um conto DO LIXO AO LUXO

Essa é a história da pessoa comum que descobre um segundo eu mais excepcional dentro de si. Os exemplos podem incluir *Cinderela*, *Grandes esperanças* e *My Fair Lady*. Durante o processo de transformação do personagem, uma grande beleza natural é redescoberta e emerge à medida que a história se desenrola. Você consegue ver como a sua vida pode ser um processo de transformação, uma história de redenção, enquanto redescobre a sua verdadeira e poderosa natureza e a riqueza de seu espírito – que é você – em seu interior?

2 Sua vida como uma JORNADA COM OBJETIVO

Essa é a longa e perigosa jornada até um local distante para atingir uma meta de valor inestimável. Exemplos incluem a *Odisseia*, *Jasão e o velo de ouro* e *Os caçadores da arca perdida*. Você se encontra atualmente em uma jornada assim? A leitura deste livro provavelmente indica que, em certa medida, você está caçando a verdade sobre a vida, o verdadeiro propósito dela, como ela deveria ser vivida de fato. Inevitavelmente, há obstáculos tanto fora como dentro! Você vai encontrar o seu velo de ouro!

3 Sua vida como um conto de VIAGEM E RETORNO

Essa é a história em que algum acontecimento – queda, acidente ou naufrágio – impulsiona o herói ou heroína para fora do seu ambiente familiar e o(a) mergulha em um mundo desconcertante e anormal, no qual ele(a) acaba triunfando. *Alice no país das maravilhas* e *Robinson Crusoé* são exemplos perfeitos. Você sente que caiu? Teve seu momento "parede de tijolos", a sua fase de noite escura da alma? Você está nela agora? Está decidido a triunfar? Sente-se pronto para sair vitorioso?

4 Sua vida como uma COMÉDIA

Essa é uma história que destaca a bizarrice, o absurdo e os erros inocentes do personagem principal. *Tom Jones*, *Faulty Towers* e *Quanto mais quente melhor* são exemplos perfeitos. Às vezes, só podemos rir de nossa vida e de como ela tem se desenrolado. Rir de nós mesmos atrai pessoas e situações que refletem e fortalecem a leveza do nosso ser.

5 Sua vida como uma TRAGÉDIA

Esse é o enredo arquetípico com uma estrutura de cinco estágios, culminando em destruição e morte. O personagem principal é dominado por um desejo de poder/paixão, que o destrói ou o transforma em monstro. *MacBeth*, *Lolita* e *Rei Lear* são exemplos clássicos. Talvez não seja a maneira mais alegre de criar a nossa vida, mas parece que muitos de nós seremos o personagem central em nossas tragédias autocriadas, até aprendermos certas lições, alterar certas mentalidades e, assim, ressurgir novamente como uma fênix das cinzas!

6 Sua vida como um conto de RENASCIMENTO

Alguém cai sob um poder nefasto ou um feitiço que o aprisiona em um estado de morte em vida. Um miraculoso ato de resgate acontece e a vítima é libertada e trazida à luz. Exemplos clássicos incluem a *Bela Adormecida*, *Um conto de Natal* e *A noviça rebelde*. De muitas maneiras, todos nós estamos vivendo em uma era de escuridão no que é agora um mundo cada vez mais violento. Não é difícil nos juntarmos a essa escuridão e até mesmo contribuirmos com ela devido ao nosso estado de espírito sombrio. Até que fique óbvio que não podemos tolerar a situação nem mais um minuto, e algo ou alguém provoque em nós um despertar para um modo de viver alternativo e quase oposto. É quando estamos, enfim, despertos para o nosso verdadeiro eu. Nossa iluminação é uma espécie de renascimento que nos torna livres para retornar ao nosso estado de alegria natural.

7 Sua vida como um conto de vencer um MONSTRO

Um herói ou heroína enfrenta o monstro, derrota-o contra todas as probabilidades e ganha o tesouro ou o amor cobiçado.

David e Golias, *Drácula* e *Tubarão* se encaixam nesse perfil. Um dos monstros que todos partilhamos é o nosso consumo contínuo do mundo. Quando consumimos o mundo ele acaba nos consumindo, já que nos tornamos dependentes e viciados em algo, alguém, algum lugar etc. Esse monstro é derrotado quando aprendemos a viver com simplicidade e gentileza, com compaixão e bondade.

Qual tema você vai escolher?

Se você de fato sentasse e começasse a escrever o roteiro de sua vida provavelmente iria notar que cada tema está ligado aos outros. Seria tentador, se não impossível, incluir uma mistura de todos os temas. Sua criatividade provavelmente incluiria uma pitada de cada um, até porque isso seria mais divertido. A honestidade de sua criação também o obrigaria, provavelmente, a incluir alguns tópicos de cada um. Ainda mais "interessante": se você se propuser conscientemente a trilhar qualquer caminho espiritual autêntico irá escolher, embora a princípio não saiba, escrever, produzir, dirigir e encenar todos os sete temas em algum momento nesse caminho. Para completar a sua jornada, você não seria capaz de evitá-los! Mas você provavelmente só perceberia na chegada!

Então, vamos começar

De um ponto de vista puramente espiritual a JORNADA COM OBJETIVO é possivelmente a melhor metáfora para a jornada espiritual. É uma viagem em que buscamos essa meta de valor inestimável, que é a realização do seu verdadeiro "eu" depois de uma vida (alguns podem dizer várias vidas) inteira ignorando-o. Todo mundo está nessa "busca", que na verdade significa procurar de um jeito ou de outro a sua própria autenticidade. Mas parece que só alguns percebem que estão buscando apenas e sempre por si próprios. Menos gente ainda "saca" que está procurando na direção errada.

"Apenas o 'beijo da verdade', que é a percepção de que você realmente é como um ser espiritual sem idade, pode redespertá-lo!"

Em sua busca espiritual pelo santo graal da verdade e felicidade a sua VIAGEM E RETORNO irá impulsioná-lo para o território estranho e desconhecido de sua própria consciência. Lá você notará a presença do paradoxo, da contradição e da ambiguidade. O que você anteriormente achava serem as certezas da vida acaba por ser pouco mais do que uma névoa da manhã que se evapora ao primeiro sinal do sol. Uma das ideias que mais desconcertam e desorientam é o fato de que você é realmente o criador do seu drama, a sua realidade primária está dentro de sua própria consciência, e não "lá fora", no que todos nós concordamos em chamar "o mundo". Apenas essa visão, resultado de uma "viagem" interior, pode capacitá-lo para o "retorno", a fim de viver a vida de uma forma totalmente nova.

O beijo da verdade

Aos poucos, o seu roteiro de **As minhas aventuras** acaba se tornando um conto de RENASCIMENTO, à medida que você percebe que caiu em um sono profundo induzido pelo feitiço de muitas ilusões (falsas crenças). Você estava adormecido, o que, em termos espirituais, significa a perda da verdadeira autoconsciência e a consciência do que é verdadeiro. Você estava embalado em seu estado de autoesquecimento pela sonolência, ou seja, a falta de consciência das pessoas à sua volta. Sua beleza espiritual, portanto, tem permanecido dormente, não revelada e suprimida pela "crença" de que você é apenas uma forma física que envelhece e decai, tentando sobreviver em um mundo perigoso. Tendo se rendido a esse estado de sonolência, apenas o "beijo da verdade", que é a percepção de que você realmente é como um ser espiritual sem idade, pode (re)despertar totalmente o seu "eu" poderoso, belo e criativo.

À medida que o seu despertar se completa, você percebe que há apenas um MONSTRO do abismo, e que é o seu próprio subconsciente. É nele que vem acumulando e armazenando imagens sombrias, distorcidas e ilusórias de si mesmo como também histórias sobre você. Uma batalha com o monstro pode começar e continuar por algum tempo, até que você percebe que é uma batalha contra algo que não é real. Você não é as histórias que já criou e contou sobre si mesmo. Não é uma história! Então, um dia, você vê o MONSTRO por aquilo que ele realmente é, um fantasma com muitas cabeças. Mas ele deixa de assustá-lo quando você se dá conta de que fantasmas não têm substância. Ignorá-lo é matá-lo.

Finais felizes

Ao longo do caminho tem de haver um senso de TRAGÉDIA, pois destruição e morte são necessárias. A perda é inevitável até que seja vista pelo que é, mais uma ilusão!

Haverá a destruição dos velhos hábitos e comportamentos que o mantiveram preso em seu próprio sofrimento. Depois, há a morte e perda de todas as velhas identidades falsas que sustentaram esses comportamentos antigos. Haverá o desaparecimento de todas as dependências acumuladas, uma vez que todas as histórias que foram construídas em torno dessas dependências desabam. Toda essa morte e destruição, libertação e desaparecimento, parecerá, por vezes, mais do que um pouco "trágico", até que o RENASCIMENTO esteja completo e a realidade restaurada.

Só então VOCÊ poderá se restabelecer na sua verdadeira posição como o mestre de sua própria consciência. Só então você poderá restaurar o verdadeiro poder espiritual que precisa para criar uma vida benevolente e um final feliz para o seu roteiro (se é que realmente existe essa coisa de fim!).

Terapia do riso

E, no entanto, inevitavelmente haverá momentos de riso, já que você muitas vezes se dá conta de que "essa coisa toda de vida e de viver" é simplesmente uma divina COMÉDIA. Você tem levado "tudo isso" muito a sério. O que acreditava que era real e verdadeiro agora parece absurdo e louco: a ideia de que os outros são responsáveis por sua felicidade torna-se simplesmente ilógica, a ideia de que ter sucesso na vida é simplesmente conseguir uma promoção no trabalho torna-se ridícula, a ideia de que na vida o amor verdadeiro "só" pode ser encontrado com uma outra pessoa especial torna-se sem sentido!

Eis apenas algumas das muitas ilusões que agora são tão obviamente... ilusões! A percepção de que a vida não tem nenhum propósito, exceto viver, deixa você com um sorriso em seu coração, um brilho nos olhos e um riso que é altamente contagiante.

"Você não é as histórias que já criou e contou sobre si próprio."

O que mais poderá fazer além de rir, quando percebe quão complexo e difícil você tentou tornar tudo o que na verdade é tão simples.

E então, quando a JORNADA COM OBJETIVO estiver chegando ao fim ficará óbvio que você estrelou seu próprio conto DO LIXO AO LUXO. Enquanto antes você costumava pensar que possuía algumas riquezas no mundo material, vê agora que elas eram apenas lixo para o espírito, que agora você sabe que é. E redescobre a sua verdadeira riqueza na forma do amor que você emana, na compaixão que espalha, no contentamento que irradia, na verdade que demonstra e na alegria que transpira!

Essas são as verdadeiras riquezas do espírito, que estão disponíveis em abundância em seu interior. Mas o enredo, como todos os bons enredos, tem uma reviravolta final. Elas são riquezas que só podem ser conhecidas e mantidas em abundância quando são compartilhadas!

QUESTÃO

Qual dos "temas" anteriores você acha que está atualmente passando em sua vida?

REFLEXÃO

Por que você acha que geralmente tende a levar a vida a sério demais?

AÇÃO

Faça uma lista de todos os papéis que você acha que está interpretando em sua vida no momento. Depois, faça outra lista com todos os papéis que poderia interpretar. Então, contemple ambas as listas e anote o que elas dizem sobre você.

SIMPLESMENTE PACIÊNCIA

Alguma vez você já jogou um jogo de espera? As pessoas às vezes o jogam dentro dos relacionamentos íntimos, esperando que o outro se comprometa! Times às vezes o fazem dentro de uma partida, enquanto aguardam uma oportunidade que lhes permita abrir vantagem. Os pais às vezes o jogam, enquanto aguardam o pleno potencial de seus filhos desabrochar. Os observadores de pássaros definitivamente o praticam, já que ficam à espreita de uma rara visão de um amigo emplumado!

Alguma vez você já decidiu conscientemente não apressar alguma coisa, de algum modo sabendo, lá no fundo, que tudo vai acontecer do jeito certo, na hora certa? Os mais velhos e mais maduros de nós costumam fazer isso, uma vez que, com o tempo, cresce uma intuição mais precisa sobre o que será! Alguma vez você já decidiu não se apressar para chegar a algum lugar por perceber que não consegue ir mais rápido do que o seu meio de transporte, e que você não pode controlar o que aparece no caminho? Motoristas de ônibus aprendem a fazê-lo. Mesmo no meio de um Grande Prêmio, acredite ou não, pilotos de corrida têm que fazê-lo. Paciência é algo relativo!

A paciência é uma daquelas virtudes que podem transformar um momento de grande ansiedade em tranquilo relaxamento, uma onda de agitação mental no rio em fluir suave, que a vida pode ser. Na presença de uma pessoa paciente somos rodeados por uma aura de calma. Somos puxados para a luz tranquila de sua "falta" de pressa. Mesmo quando tais pessoas estão ocupadas, a "qualidade" de seus afazeres ainda irradia paciência. Talvez sigam o conselho de Emerson: "Adote o ritmo da natureza: seu segredo é a paciência". A natureza está sempre "pacientemente ocupada", visível ou invisivelmente.

Em uma pesquisa recente, publicada por um jornal de circulação nacional, buscou-se apurar por que os níveis de raiva estavam subindo no mundo. Descobriram que a causa subjacente mais frequente era a de que as expectativas e desejos das pessoas não estavam sendo alcançados, não eram rápido o bastante! Em outras palavras, a impaciência com os acontecimentos, com os governos, com outras pessoas e com serviços de entrega são as novas variantes da "doença da pressa".

Talvez isso não seja uma surpresa, considerando a velocidade da vida moderna. O viciado em e-mails, aquele que não sai do Facebook, o maníaco das mensagens de texto e o twitteiro crônico estão quase sempre impacientes, buscando a próxima oportunidade de ficar on-line, acessar sua caixa de entrada e tamborilar freneticamente o teclado!

Enquanto a maioria das pessoas pode até admitir ser impaciente em alguma área de sua vida, muitos não sabem como se libertar das crescentes ansiedades que significam que a impaciência se "instalou"! Muitos, se não a maioria, provavelmente diriam que prefeririam não ser tão impacientes, que realmente querem ser mais pacientes, mas o único problema é que eles querem isso agora mesmo! Obviamente, restaurar um pouco mais de paciência em suas vidas vai exigir alguma... paciência!

"O viciado em e-mails, aquele que não sai do Facebook, o maníaco das mensagens de texto e o twitteiro crônico estão quase sempre impacientes, buscando a próxima oportunidade de ficar on-line, acessar sua caixa de entrada e tamborilar freneticamente o teclado!"

Então, como você pode ser mais paciente? Você consegue, com um pensamento, decidir se tornar uma pessoa paciente? Será que a paciência pode ser um traço permanente de sua personalidade? Como você cria paciência?

Comece com VISUALIZAÇÃO

Ser paciente é um processo criativo. Trata-se de reunir uma variedade de ingredientes em um processo inicial de visualização. O primeiro passo é admitir e reconhecer que o "traço impaciente" em sua personalidade é uma criação inteiramente sua. Não é o trem atrasado ou o serviço de entrega que falha, é você que se faz impaciente. Você criou e manteve o "traço" de impaciência; então, também é capaz de criar e manter paciência. Como todas as suas outras criações, o processo começa na tela da sua mente. É lá que você concebe, acredita e alcança paciência "no ensaio", antes de sair para o palco e "apresentá-la" na vida diária. É lá que você conclui o processo criativo da ideia à imagem, do sentimento à ação. Para fazer isso você vai precisar recorrer a uma variedade de ingredientes interiores.

Acesse um pouquinho de PAZ

O primeiro recurso é sentir uma "paz interior". Essa é a paz do seu coração, a paz que nunca pode lhe ser tirada, mas da qual você perde a consciência. Como a camada de "base" que algumas pessoas aplicam no rosto pela manhã, a paz é a energia de base da paciência! Se você não conseguir extrair forças de sua paz interior, a paciência será quase impossível. A meditação é a viagem sem distância em um segundo até o seu coração espiritual (o coração de sua consciência), onde você encontrará sempre um suprimento ilimitado de pura paz.

Adicione uma tranquila ACEITAÇÃO

Sua paz interior só pode viajar do seu coração para a sua mente quando você já não quer mudar as coisas como são. No momento em que aceita tudo e todos como você os encontra, sem qualquer resistência, é o momento em que o poder do amor, o seu amor – que é VOCÊ – é capaz de abraçar a vida em sua totalidade, como ela é. Isso por si só é um grande desafio para muitos de nós, já que temos a tendência de gastar muito tempo e energia não em nossos corações, mas em nossas mentes. É aí que "julgamos" os outros e "corrigimos" os problemas do mundo, sob a ilusão de que isso é tarefa nossa, e que podemos fazê-lo! Deste hábito mental não vem aceitação, mas, sim, resistência. E a resistência não é um tijolinho na construção da paciência.

Sua paz interior e sua aceitação das coisas são como duas cores primárias que, quando misturadas, criam contentamento. Você não pode ser paciente a menos que esteja satisfeito interiormente consigo mesmo, com o mundo; agora, neste momento. Isso também requer a compreensão de que existe apenas o "agora". Só aí é que todas as tentativas de escapar para o futuro ou se esconder no passado chegam ao fim.

Regue com FÉ

Somente dentro desse estado de contentamento inabalável, tranquilo, mas dinâmico, que não é passivo ou submisso, mas alerta e disponível, você pode ouvir e sentir a sabedoria que vem da verdade que já possui no fundo do seu coração. Intuitivamente, você agora sabe que tudo está e ficará bem. Sua fé na vida surge como uma sabedoria intuitiva de que, nas palavras do texto agora famoso e bastante difundido chamado *Desiderata*, "tudo está caminhando exatamente como deveria". Com a sua fé na vida restaurada, o seu pensamento mais frequente é: "Para que a pressa?"

Tempere com LIBERDADE

Somente quando você estiver em paz, exercitando a aceitação, contente e com fé de que a vida está sempre caminhando como deveria, poderá "ver" e perceber que não precisa mais "adquirir qualquer coisa" fora de seu interior. Isso sinaliza o fim de todos os desejos, a morte de qualquer vontade ardente e a atrofia da dependência. Nada precisa ser procurado, porque tudo o que é necessário já está presente dentro de si. Embora o nosso corpo tenha necessidades, em última análise, você mesmo, o seu "eu", não tem. A chave aqui é "em última análise". A caminho da liberdade de toda dependência emocional, o que você precisa é aumentar a sua autoconsciência até que esteja completamente autoconsciente! Então, qualquer carência residual desaparecerá permanentemente. Até que essa distinção entre a forma física que você ocupa e a energia da individualidade autoconsciente que você é esteja clara, a impaciência continuará "dando as caras".

Mas no momento em que você percebe que já tem tudo o que procura dentro de si; no momento em que você percebe que tem procurado no lugar errado o que já tem; no momento em que você percebe que a paz e a felicidade que procura não estão "lá fora" e, portanto, nunca poderão ser entregues "na hora", toda impaciência é vista pelo que ela é: o resultado de uma falta temporária de autoconsciência.

Uma vez que a autoconsciência é restaurada, reemergem, de dentro para fora, a fé e a confiança intuitivas de que a vida vai proporcionar exatamente o que o seu corpo precisa, quando ele precisar, para simplesmente viver, e viver com simplicidade. Você então estará livre, você se sentirá livre e viverá livremente a partir do coração, o que tornará impossível criar pensamentos de impaciência.

Permita-se elevar com pura INTENÇÃO

A percepção disso, da liberdade mais profunda, da liberdade do espírito que nós somos, sinaliza o fim da escravidão ao "querer", seguido de uma natural transformação da intenção. Agora você sabe que tudo o que sempre precisou já está dentro de si. A vida deixa de ser uma impaciente espera pelo que você quer ou aguarda, e começa a ser focada em torno de dar o que tem. Cada momento é visto como uma oportunidade para ser "o doador" da energia de sua vida. Não como um sacrifício, uma obrigação ou um dever, mas como um presente. Tempo, atenção, orientação, cordialidade, aceitação e muitas outras formas de energia emanadas de você, todas elas se tornam verdadeiros presentes, genuínos presentes, que não requerem despesas, embalagem ou transporte.

A impaciência é um sinal de que "não estamos bem" em nosso ser. Ela nos transforma em "um doente" que requer tratamento. Isso significa que um dos ingredientes ativos listados antes está ausente temporariamente, provavelmente suprimido. É por isso que a vida é um processo de cura até que sua paciência seja restaurada e expressa pela simplicidade com que vive. Cada vez que você tenta forçar um resultado, cada momento de espera ansiosa ou desejo ardente, simplesmente aprofunda uma ferida em seu ser que eventualmente irá exigir o bálsamo da paz, a aceitação que provém do amor e a percepção de si mesmo como um ser espiritual livre de qualquer dependência.

Não faça algo por fazer!

Talvez a aplicação mais valiosa da virtude da paciência seja a sua capacidade de convidar a sabedoria de volta à vida. Na maioria das culturas ocidentais, quando as coisas parecem estar correndo mal, temos a tendência de gritar: "Não fique aí parado, FAÇA alguma coisa!" Enquanto que, no antigo e mais sábio Oriente, havia a tendência de sussurrar: "Não faça qualquer coisa, fique aí PARADO". Em tais momentos, reconhecemos a necessidade de permitir pacientemente uma sabedoria mais profunda instruir a criação de nossas respostas, e não permitir que um reflexo emocional instintivo governe nossa mente e coração.

Sabedoria, no entanto, não surge em nossa consciência num estalar de dedos, quando precisamos dela. Um convite deve ser enviado ao nosso coração e, depois, uma espera paciente é muitas vezes necessária antes de recebermos uma resposta. Talvez por isso os sábios e os pacientes sabem que a paciência e a sabedoria são companheiras inseparáveis.

Talvez por isso, também, a sabedoria do agricultor é a própria paciência, e a paciência do jardineiro é a própria sabedoria.

QUESTÃO

Em que áreas de sua vida você está atualmente impaciente e por quê?

REFLEXÃO

Qual dos sete ingredientes da paciência listados antes você acha que mais está lhe faltando (avalie cada um em uma escala de 1 a 10).

AÇÃO

Selecione cada um dos itens anteriores para um determinado dia durante a próxima semana e contemple-o, reflita sobre ele, explore o seu significado e veja o que ele desperta, muda e cura dentro de você.

A ANATOMIA DE UMA DISCUSSÃO

Algumas décadas atrás, os mundialmente famosos comediantes do Monty Python's Flying Circus criaram o que se tornou um de seus esquetes mais engraçados. A Clínica de Discussões baseava-se na ideia de "comprar uma briga" com alguém na "sala de discussões", cuja primeira pergunta era: "O senhor deseja a discussão de cinco minutos ou a discussão de dez minutos?"

Parece que muitas pessoas cresceram dentro de um contexto em que discutir era uma característica normal da vida familiar. Foi lá que elas desenvolveram sua propensão para discutir. E pelo resto da vida, muitas vezes se veem, tanto de forma consciente como subconsciente, buscando uma discussão. Embora não façam por mal (é apenas um hábito), os outros ficam entediados e às vezes até irritados com o que se tornou a natureza polêmica delas.

Armados com opiniões

No entanto, há aqueles que estão sempre atrás de uma luta verbal. Eles procuram deliberadamente por alguém com quem se desentender, a fim de criar um impulso emocional para, então, recriar e descarregar suas frustrações e raivas. Eles se tornam "viciados em discussões", já que a emoção também lhes proporciona um "barato" físico. Alguns de nós somos o exato oposto disso e instantaneamente nos afastamos de qualquer tipo de confronto verbal. A maioria de nós provavelmente está situada em algum ponto entre os dois extremos. Poucos perceberam a inutilidade de qualquer tipo de discussão porque compreendem a sua "anatomia".

Você costuma discutir? Quando o faz mostra que você tem uma opinião, e no cerne de sua opinião está a sua crença. Quando ouve a crença do outro você bate boca porque enxerga a opinião dele como uma ameaça pessoal a você, porque está apegado à sua crença e identifica-se com ela. Então, interpreta a crença do outro como um ataque pessoal. Antes que se dê conta disso, você está ou se defendendo ou atacando, o que significa que está produzindo medo e raiva, que se expressam como agressão, o que resulta em sofrimento emocional infligido a si mesmo.

"Há aqueles que procuram deliberadamente por uma discussão; são loucos por uma briga para que possam satisfazer o seu vício pelas emoções que isso lhes proporciona."

Preservando o prestígio

Muitas pessoas chegam para uma conversa "armadas" com as suas opiniões, preparadas para defender suas crenças e prontas para brigar. É fácil desarmá-las. Tudo o que você tem que dizer é: "É uma forma interessante de ver isso. Não tenho certeza se concordo, mas agradeço que você tenha seu ponto de vista". Se achamos isso difícil de fazer é porque acreditamos que estamos certos e queremos provar que temos razão e eles estão errados. Porque, quando estamos certos, ficamos felizes! Estar certo faz com que nos sintamos superiores, e se sentir superior é a melhor maneira de evitar a possibilidade de se sentir inferior! Assim, estar certo, sentir-se superior e ficar feliz tornam-se sinônimos. Mas, obviamente, não se trata de felicidade verdadeira, porque no processo de tentar provar que temos razão ficamos tensos e até mesmo irritados porque o outro não está "entendendo" ou reconhecendo que "Eu estou certo". A possibilidade de perder a discussão torna-se a possibilidade de perder prestígio.

Dependência emocional

Há aqueles que deliberadamente procuram por uma discussão, independente de quem esteja certo ou errado. São loucos por uma briga para que possam satisfazer o seu vício pelas emoções que isso lhes proporciona, isto é, ansiedade, raiva e talvez ódio. Assim como as drogas pesadas, se essas emoções são experimentadas e produzem prazer, elas terão de ser "sentidas" todos os dias, daí a contínua "disposição para discutir" desenvolvida por alguns. Eles estão na verdade dizendo: "Vamos lá, eu desafio você a discordar de mim", que é outra maneira de dizer "Vamos lá, me deixe na pilha, vou ganhar o dia".

Mas é bom ter uma opinião, não é? Se você não tem uma opinião sobre questões importantes, será visto como alguém fraco, certo? E se você não defende seu ponto de vista e luta pela validez de sua opinião, pode ser acusado de ser flexível, conciliatório, de não ter coragem de expor suas convicções, não é assim? É dessa forma que algumas pessoas muitas vezes justificam manter uma opinião sobre tudo e qualquer coisa. Mas espere um segundo; o momento em que você expressa a sua opinião – seja em defesa de uma posição ou para ir contra outra opinião – é, portanto, o berço do conflito e a semente da guerra.

Origens da guerra

Todas as guerras, no fundo no fundo, são simplesmente diferenças de opinião, choque de crenças. As emoções e ações que se seguem são antes de tudo uma violência infligida a si mesmo. Em seguida, elas se manifestam com comportamentos agressivos direcionados aos outros. A verdade disso é então rechaçada com a seguinte afirmação: "Tivemos de ser fortes para tomar a decisão de ir à guerra", o que, na verdade, é uma forma de evitar dizer: "Nós não fomos fortes o bastante para 'deixar pra lá' a nossa necessidade de estarmos certos" e "Não tivemos coragem nem paciência para transformar uma discussão em um diálogo"... sendo que o primeiro princípio do diálogo é sempre a intenção de verdadeiramente entender a posição dos outros e, portanto, o seu ponto de vista.

É preciso sabedoria para ter um ponto de vista e, ainda assim, estar extremamente interessado no ponto de vista dos outros, a tal ponto de estar inclusive preparados para mudar o próprio ponto de vista! Isso significa dizer: "Eu sou flexível e reconheço que há muitas maneiras de enxergar e examinar essa questão". É dizer: "Tenho a humildade de aprender com você", ou: "**Quero encontrar-me com você no terreno das ideias que compartilhamos, em vez de lutar contra você a partir do meu ponto de vista**".

A aritmética de uma discussão

Qual é a diferença entre um debate, um diálogo e uma discussão? Em essência, um debate é uma troca aberta de pontos de vista, um diálogo é uma exploração mútua de sentido, e uma discussão é uma batalha de opiniões, o encontro de duas mentes fechadas. Um debate só é possível quando estamos abertos às ideias uns dos outros. Um diálogo só acontecerá quando as duas partes colaborarem para revelar uma sabedoria mais profunda e criarem em conjunto um novo entendimento.

"Um diálogo é uma exploração mútua de sentido, um debate é uma troca aberta de pontos de vista, e uma discussão é uma batalha de opiniões."

Em uma discussão, 1 + 1 = nada. Em um debate, 1 + 1 = 2. Em um diálogo 1 + 1 = 3. Em um diálogo há mais para ouvir do que falar. Em um debate, há uma troca igual entre amigos. Em uma discussão, há guerra! Uma alma iluminada leva a conversa de uma discussão para o debate e o diálogo; um processo que não é conduzido pela necessidade de se estar correto, mas por uma curiosidade genuína, junto com a intenção de compreender e aprender com o outro. A presença da curiosidade geralmente é um bom sinal da ausência do ego; este quer que você esteja certo o tempo todo.

Um dia, três discípulos vieram ver seu mestre. Este lhes mostrou uma flor e perguntou sua cor. O primeiro discípulo disse: "Um marrom avermelhado". E o mestre disse: "Você está certo". O segundo discípulo disse: "Eu vejo uma cor púrpura azulada".

E o mestre disse: “Você está certo”. O terceiro discípulo disse, “Mas mestre, ambos não podem estar certos”. Ao que o mestre respondeu: “Você está certo”!

Quando nos damos conta de que todo mundo vê tudo a partir de um ponto de vista diferente, é possível perceber que não há certo ou errado. Sim, no contexto de algumas questões haverá algumas percepções e interpretações que podem ser mais “precisas” do que outras. Mas, em última análise, para uma alma iluminada, não há certo ou errado, apenas uma infinita variedade de percepções.

QUESTÃO

Com que pessoas você se vê discutindo com mais frequência, seja verbal ou mentalmente, sobre o que vocês discutem, e qual é o motivo real de você estar discutindo com elas... de verdade?

REFLEXÃO

Imagine-se trocando ideias com essa pessoa, você ouvindo mais do que falando e, ao final, deixando-a dar a última palavra. Como essa conversa lhe parece?

AÇÃO

Pratique criar um diálogo com outra pessoa durante esta semana. Escolha uma pessoa, escolha um assunto, escolha um lugar para se encontrarem, escolha três perguntas relacionadas a esse assunto e, em seguida, troque ideias com ela em um fluxo livre e recíproco de perguntas.

O PODER DE SUA PRESENÇA

Você está presente ou apenas tem presença? Embora as duas coisas estejam relacionadas, há uma diferença entre estar "presente" e o poder da "presença". Estar presente é estar consciente de que o seu ser está ciente do aqui e agora, muitas vezes referido como "consciência do momento presente".

PRESENÇA, entretanto, é o que os outros sentem quando percebem sua proximidade sem pistas vocais ou visíveis. Todo mundo carrega e comunica uma certa "presença" onde quer que esteja, quem quer que seja e em seja lá o que estiver fazendo. A "presença" de alguns é tão poderosa que parece ser capaz de tocar e influenciar quase todos à sua volta. E, no entanto, a "presença" de outros parece não ter qualquer influência, a tal ponto que eles são praticamente ignorados por completo, mesmo quando falam! A maioria de nós provavelmente situa-se em algum ponto entre esses dois extremos.

Então, o que é "presença" exatamente? Ela pode ser fabricada, cultivada e até mesmo ampliada? Por que você iria querer isso e que diferença faria?

Uma pessoa "tem presença" quando a nossa atenção é atraída para ela sem motivo aparente. É uma forma de atração sutil que não tem uma causa óbvia. Não tem nada a ver com as aparências. Mas antes de entender a verdadeira natureza da presença talvez seja útil eliminar os tipos de presença que, digamos assim, não são tão presentes!

Tipos de presença

Com frequência, em um grupo ou reunião, encontramos o tipo QUIETINHO, muitas vezes chamado de "caladão". Depois de algum tempo, sua participação silenciosa e aparentemente atenta acaba atraindo a atenção dos outros. Num primeiro momento, pode parecer que tal indivíduo esteja usando o poder de sua presença silenciosa para que os outros o atraiam para a conversa. Entretanto, se ele disser algo irrelevante ou mesmo inadequado, torna-se óbvio que provavelmente ele é apenas tímido. O que não é presença, apenas medo!

Há também o que poderíamos chamar de **PRESENÇA-CELEBRIDADE**. Uma pessoa pública e famosa sempre terá alguma mística ao seu redor, que muitas vezes é apenas um sentimento de admiração projetado pelos outros sobre ela. Mas isso não é presença genuína, talvez seja mais uma combinação da curiosidade sobre a pessoa real por trás da *persona* pública e o privilégio de uma pessoa muito falada "aparecendo ao vivo" em um mesmo espaço que você! E, ainda assim, alguns dos "famosos" de fato parecem ter uma atração autêntica e poderosa que emana de um lugar mais profundo do que reputação ou aparência. Eles realmente têm "presença" e precisam dizer ou fazer muito pouco para ter uma influência significativa sobre as pessoas ao seu redor.

"Todo mundo carrega e comunica uma certa 'presença' onde quer que esteja, quem quer que seja e em seja lá o que estiver fazendo."

E há a presença do **HERÓI**, cuja reputação, geralmente baseada em algum grande feito passado, o precede. Esse tipo de presença costuma inspirar um respeito genuíno e uma afirmação implícita de que sua grandeza é muito maior do que a nossa própria grandeza jamais poderia ser. No entanto, há provavelmente um elemento de deferência inspirado pela admiração, ou talvez até adoração, em jogo. A presença do herói pode ser uma inspiração, mas costuma diminuir rapidamente assim que ele se torna ausente de nossas vistas e/ou passemos a procurar novos heróis.

Também há a presença da **INOCÊNCIA**. Talvez um dos atributos mais atraentes de um ser humano seja a "pureza da inocência". Em uma criança ou num adulto essa inocência chama a nossa atenção e de algum modo nos sentimos seguros, comovidos ou fortalecidos por sua presença. Mas é impossível buscar ter ou fabricar a inocência. Talvez seja por isso que ela seja tão rara!

"A verdadeira beleza, no entanto, no nível humano mais profundo, é sentida e conhecida quando somos tocados pela beleza de ser do outro."

Igualmente há a presença do SÁBIO. Sentir que estamos na presença de alguém que tem uma sabedoria além das palavras é tomar consciência de um poder que tem o potencial de nos compelir a mudar nossa vida. A presença da sabedoria é geralmente acompanhada por uma combinação de humildade e clareza, profundidade e gentileza, calma e bondade. E, no entanto, se notarmos o menor sinal de "orgulho ferido" ou qualquer traço de superioridade ou superficialidade dentro da conduta do nosso sábio, percebemos rapidamente o poder da sua presença diminuir. Também aqui é provável que haja uma boa dose de projeção de nossa parte, especialmente se tivermos um desejo sutil de que ele seja nosso salvador e/ou guia.

A beleza da presença

A beleza tem presença e, de certa forma, é presença. Se há um objeto bonito num ambiente, sua beleza chama a nossa atenção. A bela aparência das formas e de um rosto humano perfeito também atrai olhares e atenção. A verdadeira beleza, no entanto, no nível humano mais profundo, é sentida e conhecida quando somos tocados pela beleza de ser do outro. A característica fundamental do poder da presença que emana de um belo ser é a "radiância"; é a luz radiante de sua consciência.

A luz da presença

A luz que irradia de uma lâmpada toma todo um aposento e ilumina tudo por igual e inteiramente, desde que não haja obstáculo. Assim que uma cúpula é posta em torno da lâmpada, ou objetos são introduzidos no ambiente, a luz encontrará obstáculos em seu caminho radiante. Ela será barrada, e sombras aparecerão. Seu brilho não alcançará muitas partes do aposento.

O mesmo acontece com a energia radiante de uma pessoa cuja "presença" é sentida. É uma energia invisível, uma vibração que se origina de sua consciência. Como todas as formas de luz, a luz da consciência irradia para fora, em todas as direções, para longe de sua fonte. E ao fazê-lo, totalmente desimpedida e desbloqueada, toca tudo, o que de fato significa que tem o potencial de influenciar todos em seu caminho.

360 graus de presença

Quando estamos na extremidade receptora da radiância de uma consciência tão livre e, portanto, pura, "sentimos" a vibração dessa energia. Às vezes, chamamos isso de amor; outras vezes, sentimos uma intensa e profunda paz; outras, ainda, uma alegria tranquila. Dependendo de nossa receptividade, "sentimos" a presença do outro. Como o filamento de uma lâmpada, a luz da consciência irradia naturalmente 360 graus. A menos que haja algo no caminho! É o que está "no caminho" da luz da nossa consciência, do nosso eu que define a força e a qualidade da nossa energia radiante. Isto, por sua vez, irá definir o alcance e o efeito de nossa presença.

"Em vez de 'usarmos' a nossa mente, nós nos 'perdemos' nela."

Então, o que diminui a intensidade de nossa radiância? O que exatamente dilui a intensidade de nossa presença ou a de alguém?

Viver na mente

Em essência, é nossa própria mente, ou, mais precisamente, o que colocamos nela e em que medida nos "perdemos" naquilo que está nela. Para todos nós, a mente é a oficina da criação. É como a tela de um pintor, uma tela que podemos usar para gerar ideias, imagens, conceitos etc. Também a usamos para trazer o mundo exterior para dentro de nós! Para projetar filmes antigos chamados memórias. É para o que está em nossa mente que geralmente tentamos escapar e, com isso, perdemos nossa luz, nossa radiância, nossa presença. Nós nos tornamos preocupados.

Quando entramos no que está em nossa mente, isso indica a nossa ausência! Em vez de usarmos a nossa mente, nós nos perdemos nela. É em nossa mente que nos apegamos a ideias, imagens, memórias etc. E qualquer forma de apego significa que a energia do nosso eu, nossa consciência, está "presa" e "bloqueada" pelo que está em nossa mente. Às vezes, até percebemos quando alguém está perdido em seus pensamentos e dizemos: "Você está bem? Tenho a impressão de que algo o preocupa".

Apenas quando uma pessoa é totalmente livre dentro de si é que sua "presença" pode ser sentida em todas as direções. Ela está presente por completo e a energia de sua consciência é irradiada livremente. Ela nunca tenta "escapar" para algo em sua mente. Isso não significa que seja irracional; é mais provável que tenha pleno controle de sua própria mente, capaz de usar essa "ferramenta de criatividade" com precisão e quando for oportuno. Ela tem a clara consciência interior de seu eu, que é completamente distinto de sua mente.

Ela sabe que sua mente é parte integrante da sua consciência. Está ciente de que a atividade mental/criatividade é como um "programa de computador" que pode ser acessado para colocar o que queremos na tela com um clique! Num instante, o programa que é necessário para executarmos uma determinada tarefa surge na tela. Da mesma forma, dentro do nosso eu, em nossa consciência, podemos acessar a "tela da nossa mente" e usá-la para realizar uma tarefa específica, como traçar um plano, criar uma lista de opções para agir, justapor duas ideias ou conceitos diferentes, imaginar o futuro etc. E, então, quando a tarefa estiver concluída, podemos fechar instantaneamente a tela e trazer a nossa mente de volta para o pano de fundo de nossa consciência.

Exibindo nossas histórias

Infelizmente, a maioria de nós não aprende a fazer isso. Mas aprendemos a manter muitas telas mentais abertas ao mesmo tempo em nossa consciência e criamos o hábito de saltar de uma para outra. Quando não gostamos de uma pulamos para outra sem fechar adequadamente a tela anterior, sem finalizar e fechar a história anterior. Ou, se gostamos de uma, pulamos para ela e começamos a viver nela, como se estivéssemos assistindo a um filme no cinema. Nós nos perdemos nas histórias que estamos exibindo nas nossas diversas telas mentais.

Ou imaginamos que algo a que estamos assistindo em nossa mente seja ameaçador e, por isso, criamos ainda mais pensamentos de ansiedade e preocupação. Ou ainda nós simplesmente continuamos a exibir o mundo "lá fora" na tela de nossa mente "aqui dentro" e nos perdemos na vida dos outros. Todos esses se tornam hábitos internos que distorcem, desfocam e diminuem a força radiante de nossa consciência, nosso eu, nosso ser! Isso é o que costuma diluir o poder de nossa presença.

"Nós nos perdemos nas histórias que estamos exibindo nas nossas diversas telas mentais."

Então, o que irradia é "energia débil", que carrega uma vibração fraca. A mais comum é a vibração do medo, sempre baseado em uma história mental de uma imaginada perda futura, ou raiva baseada em uma história mental em que alguém é culpado pela forma como nos sentimos, ou tristeza baseada em uma história mental de uma perda qualquer rememorada. Essas vibrações da nossa consciência não são sinais de uma "presença poderosa", mas sintomas de um "eu" que está fragmentado internamente e um tanto perdido no que está em sua mente.

Calma imperturbável

Esta é provavelmente a razão pela qual a "presença" mais influente vem de alguém que não esteja completamente distraído por nada exterior ou interior. Embora essa pessoa tenha atenção e concentração no "momento presente", há uma óbvia quietude do ser. Ela tem uma liberdade interior de toda distração mental ou preocupação, e uma calma imperturbável que permite a emanação mais intensa da energia radiante de sua consciência. Às vezes, isso é chamado de "carisma do contentamento". Ela nunca "reage de forma exaltada" e sempre gera uma resposta calma e controlada.

Parece que tal estado de consciência tem o poder de tocar e, portanto, influenciar os outros, muito além daqueles que estão mais próximos, e nos níveis mais sutis. É também algo que todos podemos cultivar e experimentar, mesmo em meio às nossas distrações diárias! No processo de desenvolvimento do "poder de sua presença" talvez valha a pena testar a eficácia do seguinte exercício:

Um experimento

Visualize alguém em sua mente com quem você está tendo uma relação difícil. Não rememore toda a "história do relacionamento"; em vez disso, envie conscientemente a essa pessoa bons pensamentos de calma e amor através de sua mente. Ocorrerão duas coisas que estão fora do âmbito de qualquer "investigação científica"! A primeira é que a pessoa vai receber essa energia que carrega uma imagem vibracional dela mais elevada do que ela própria tem de si no contexto de sua relação com ela. Isso é edificante e fortalecedor para ela.

Em segundo lugar, você começa a curar a imagem negativa que tinha dela, que foi criada em encontros anteriores. É como clarear uma nuvem mental escura e é uma forma de autocura. Mas isso é assunto para um outro seminário!

Esses dois efeitos, então, são promessa de que o próximo encontro cara a cara com tal pessoa seja melhor, por tornarem a conexão e a troca de energia mais fáceis, mais leves e mais amorosas. Faça o experimento e veja se ele funciona para você. Se puder expandir esse efeito particular de sua "presença" em um determinado relacionamento para uma benevolência mais ilimitada em relação a todos os outros, você poderá ter uma ideia do significado de 360 graus de presença. É um estado em que tudo e todos são tocados pela luz de sua consciência irradiando de seu estado mais limpo, mais claro e mais poderoso.

Sim, é verdade, essa também é provavelmente a consciência de um santo ou de um anjo, mas não somos todos, de certa forma, santos e anjos em potencial? Não somos todos aprendizes aqui nesta grande escola que chamamos vida!?

QUESTÃO

Que histórias você costuma exibir em sua mente que o impedem de estar totalmente presente e, portanto, de ter uma presença poderosa?

REFLEXÃO

Você conhece alguém que, a seu ver, tem uma "certa presença"? O que você acha que lhe dá essa presença?

AÇÃO

Durante a próxima semana use o exercício anterior em três relacionamentos "difíceis" e veja a diferença que isso faz.

VOCÊ SE SENTA NO ASSENTO DA QUIETUDE

Nossas cidades e metrópoles são barulhentas com os sons do perpétuo esforço. O carro é muito menos um servo do que um vício, a tecnologia é menos uma ferramenta do que tirana, o relógio é menos uma medida de tempo do que mestre de nossa vida. As pessoas correm do almoço para as reuniões, do teclado do computador para o *videogame*, da loja para o cinema, com menos tempo do que nunca, para se dedicarem umas às outras. Cada vez mais, sentimos o desejo de escapar das pressões que parecem nos assaltar.

"Quando você está nesse estado de quietude, naturalmente se torna consciente de sua própria atemporalidade, de sua própria eternidade."

Mas temos a tendência de escapar por meio de mais atividades e barulho que, acreditamos, irão nos relaxar, mas que na maioria das vezes somente distraem ainda mais a nossa mente e o nosso coração. Entretanto, chegamos a um ponto, em meio ao ruído da complexidade e da complicação, que identificamos um chamado interior que nos puxa de volta para a simplicidade. Um sentimento insistente chamando o nosso coração. No âmago desse sentimento reside uma força mais magnética do que qualquer indústria pode prometer ou qualquer vida da cidade pode oferecer: o simples poder curativo do silêncio.

O silêncio é o aspecto profundo da criação que evoca ideias de infinito, da grandeza do nosso espírito e da possibilidade de uma autêntica e profunda paz pessoal.

O silêncio nunca deve ser considerado meramente o nada ou o vazio. Ele é a própria fundação da criação e a fonte última da criatividade. Um compositor sabe que o silêncio por trás e entre as notas é tão parte da sinfonia como as próprias notas. O pintor começa com uma tela vazia e uma mente calma. É o silêncio invisível da tela que sustenta a expressão criativa dos artistas. É também um silêncio invisível e não sentido que sustenta a tela que é o pano de fundo multidimensional da vida diária de todos nós. Mas estamos longe de ter consciência disso!

No coração dos seres criativos que todos nós somos há um lugar silencioso e imóvel a partir do qual surge tudo o que criamos. Assim como o centro de uma roda não se desloca, assim como a ponta sobre a qual o pião gira não se mexe, e assim como o núcleo do átomo, em torno do qual os elétrons se agitam, não se move, o centro de nosso ser também é completamente quieto. A quietude é o cerne de todo ser. Se essa quietude não fosse real, todos nós iríamos enlouquecer, fatalmente!

Sem movimento, sem mudança

Nossa vida emerge e gira em torno desse ponto quieto e silencioso dentro do "espaço interior" de nossa consciência. Quando estamos quietos somos como fomos originalmente e sempre seremos. Nada, apenas ser. Nesse "assento" interior não há movimento de pensamento ou sentimento, memória ou crença. Onde não há movimento não há mudança, e onde não há mudança não há tempo, apenas o atemporal. Quando você está nesse estado de quietude toma consciência de sua própria atemporalidade, de sua própria eternidade.

É "aqui", que é lugar nenhum, que você conhece a paz mais profunda, a paz de simplesmente ser. É o relaxamento mais intenso. Em vidas consumidas facilmente na busca por "mais", este ponto silencioso e imóvel sempre irá sinalizar para que você retorne, simplesmente se sente e seja seu "eu"... e nada mais! Se você não reconhecer e atender a esse sinal é quase certo que a vida misteriosamente arranje algo para garantir que você o faça!

Aonde VOCÊ está indo?

Alguns dizem que há uma jornada espiritual a ser feita, um processo de autotransformação, um "tornar-se", um movimento de um eu que está perdido e preso em um mundo ruidoso e turbulento a um sereno eu que restaura sua liberdade de todas as privações e tribulações do mundo. Outros afirmam que não há viagem porque não há para onde ir. Dizem que enquanto os corpos humanos podem ir daqui para lá, o espírito humano, o eu, não vai a lugar algum, porque só existe "aqui"! Dizem que existe apenas o estado de ser, apenas ser, e ser nunca está lá, apenas "aqui"!

"O 'ponto imóvel' que somos nunca leva mais de um segundo para ser acessado e está aqui mesmo."

Enfeitiçados e deslumbrados

Dizem que o ser nunca está "não ser", apenas "parece" de outra maneira. E que "parecer de outra maneira" acontece quando "aparentemente" deixamos o âmago do nosso ser, onde sabemos exatamente quem somos e começamos a criar a crença de que somos "outra" coisa! Começamos a acreditar que somos a nossa forma e personalidade. E quando "acreditamos" que somos apenas a forma que ocupamos, somos enfeitiçados e deslumbrados por um mundo cheio de formas. Viajamos através de planos horizontais, conduzidos por uma variedade de máquinas, procurando em mil outras formas o santo graal da felicidade.

Quando acreditamos que somos apenas uma personalidade aspiramos a viajar em planos verticais, conduzidos por um veículo chamado ambição, em busca da elevação que significará sucesso. No processo, criamos ruído e calor, agitação e frustração. E tais coisas são apenas cansativas. Quanto mais tentamos viajar, tanto horizontal como verticalmente, no mundo das formas, mais distantes parecemos estar do lugar de alívio e paz, que é o silêncio e a quietude do coração de nosso ser. Ainda assim, ansiamos por esse lugar, por esse espaço interior, sem o sabermos.

Ninguém é capaz de nos dizer que o "ponto imóvel" que somos nunca leva mais de um segundo para ser acessado e está aqui mesmo. Ainda menos gente, ao que parece, pode nos mostrar o caminho até lá!

Quando nos rendemos ao "chamado do coração", o fato de estarmos quietos e sentados em silêncio coloca o mundo agitado à nossa volta em uma nova perspectiva. Ele é visto por aquilo que é, um encontro de seres criativos que erroneamente aprenderam a acreditar que coisas "importantes" devem ser feitas hoje, a fim de garantir que o "amanhã será ok". Aprisionados em tentativas terríveis de "garantir o futuro", perdem a força e a beleza do "momento". O presente não apenas é perdido, como acaba sendo evitado. Aprendemos a viver em um ideal projetado de futuro, e perdemos a realidade do agora. Nossa paz parece perdida, nosso amor desapareceu e nossa felicidade é perpetuamente adiada.

"Quando você perceber que não poderia 'estar' em nenhum outro lugar, irá sorrir o sorriso que chega com um momento de iluminação."

Então, como você "entra" neste espaço interior? Na verdade, a questão é irrelevante porque você já está lá. E quando perceber e reconhecer que não poderia "estar" em nenhum outro lugar... irá sorrir o sorriso que chega com um momento de iluminação, você vai rir silenciosamente com a percepção que estava "aqui" o tempo todo!

Enquanto isso, ainda "parece" que você está longe de ser silencioso e imóvel. Longe de ser capaz de ver as cenas em mudança da vida ao seu redor com total equanimidade e equilíbrio. Longe de conhecer a imensa força criativa que pode vir por meio do ser quieto que você é. Até que essa consciência seja totalmente restaurada, até que você esteja totalmente presente para o seu eu, até que você não esteja mais sob a ilusão de precisar ir a algum lugar "lá" e estiver totalmente "aqui" novamente. Esta é uma prática simples que pode facilitar o seu caminho de volta para onde você nunca saiu!

Simplesmente observe

Sente em algum lugar em silêncio por um momento. Preste atenção em seus pensamentos. Observe que existe você, e há pensamentos. Observe, enquanto os pensamentos passam através de sua consciência, que existem pequenas lacunas entre cada pensamento, como lacunas entre os vagões de um trem. Agora observe as lacunas. Enquanto faz isso, perceba como as lacunas se expandem e seus pensamentos tornam-se mais lentos. Observe que dentro das lacunas não há nada. Nesse nada está a quietude. Há silêncio. Observe o silêncio e permita que ele se expanda. Observe que não há separação entre você e o silêncio. Observe quão "imóvel" você está no silêncio em expansão.

Fique nesse estado silencioso e imóvel sem observar nada! Então, quando você voltar a observar, perceba como perdeu toda a consciência da passagem do tempo, toda a consciência de sua forma e do espaço ao seu redor, enquanto estava totalmente "aqui" e agora, na quietude silenciosa do seu ser.

QUESTÃO

Qual é a diferença entre ser e fazer?

REFLEXÃO

O que é real jamais muda – verdadeiro ou falso?
Se sim, por quê? Se não, por que não?

AÇÃO

Pratique "observar", como descrito no último parágrafo, por três minutos duas vezes por dia pela próxima semana.

AS 7 MÁSCARAS DA TRISTEZA!

O que muitas vezes é esquecido é que um dos dragões que devem ser mortos no caminho para a felicidade é a causa da tristeza. Parece provável que poucos de nós enxerguemos com clareza o que nos derrota o espírito, simplesmente porque está próximo demais. Está tão próximo, é tão sutil e muitas vezes é tão subconsciente! São esses momentos em que tentamos ser alguém que não somos, sem nos dar conta disso. Esses momentos podem durar de alguns minutos a uma vida inteira! Não são fáceis de detectar porque são eventos que se originam e acontecem inteiramente dentro de nossa consciência. De nada adianta perceber que eles são o que nos ensinaram a fazer. A menos que tenhamos desenvolvido um "bom" grau de autoconsciência, não somos capazes de reconhecer quando estamos tentando não ser o nosso eu!

O princípio básico é: se você tentar ser qualquer coisa ou alguém que não seja o seu eu, então um medo qualquer e tristeza sempre causarão uma perda de felicidade como resultado.

Imagem irreal

Uma boa analogia para descrever as origens de tais momentos de tristeza é um baile de máscaras. Todos comparecem segurando uma máscara em uma varinha na frente do rosto, o que os torna quase (mas não completamente) impossíveis de reconhecer. Dá para perceber que estão se escondendo e, ao mesmo tempo, tentando projetar uma imagem irreal de si mesmos. Sem estarmos plenamente conscientes disso, fazemos o mesmo em nossa consciência quando criamos o que é conhecido como uma "autoimagem sutil". É como se nós mantivéssemos a autoimagem como uma máscara na frente de nossa consciência e tentássemos "usar" e ser essa imagem/máscara. Todos os nossos pensamentos, sentimentos e comportamentos são então "moldados por" essa autoimagem e "fluem" dela.

Há, naturalmente, muitas autoimagens "toscas" ou óbvias que todos nós aprendemos a criar e a nos esconder atrás delas. Elas incluem imagens baseadas na aparência de nossos corpos, no que fazemos, no grupo ao qual "acreditamos" pertencer ou estamos alinhados (de um time de futebol a uma religião!), na nossa história familiar, no nosso país etc. Criamos e usamos essas imagens para definir o nosso senso de identidade e, dependendo da situação e das circunstâncias, iremos alternar entre essas imagens, como se mudássemos de máscaras, enquanto vagamos pela festa a fantasia que chamamos de vida! Essa é provavelmente uma das razões de termos uma crise de identidade no mundo, no geral, e por que muitas pessoas, no particular, em algum momento da sua vida, gastam tempo e energia procurando por si mesmas enquanto tentam resolver o enigma "quem sou eu... de fato"! Demora um pouco para perceber que eu/você/nós todos não somos ninguém! Mas isso é assunto para outro seminário!

"Nós começamos a trocar de máscaras enquanto vagamos pela festa a fantasia que chamamos de vida!"

Enquanto isso, embora possamos perceber o óbvio, ou seja, que não somos o que fazemos, não o que aparentamos no espelho e não onde nascemos, provavelmente teremos dificuldade em enxergar mais "máscaras sutis" que nós usamos ao longo de um dia normal. São muitas. E são todas fonte de tristeza, simplesmente porque estamos tentando ser alguém que não somos, o que é naturalmente não natural!

Aqui estão sete de muitas máscaras, muitas autoimagens sutis que nós criamos e com as quais identificamos o nosso eu. O que você poderia chamar de As 7 máscaras da tristeza! Qual das seguintes máscaras você reconhece mais fortemente dentro de si?

A máscara da sensatez

Se você é um criador e portador regular dessa autoimagem, costuma se considerar a pessoa que sempre faz a coisa certa, a coisa racional, a coisa de bom-senso. Você costuma pensar: "Sou eu quem dá alguma noção de realidade a você e a sua/esta situação". Você quer ser visto pelos outros como equilibrado, estável, sensatamente correto e corretamente sensato! Sempre está à disposição para dar bons conselhos e orientação assim que sente que algo "não vai dar certo"! Você se permite um sentimento de satisfação quando ministra um conselho, mas se frustra facilmente com a visão dos outros fazendo o que você considera ser estúpido e sem sentido. E então se preocupa que os outros não irão de fato seguir o seu conselho, razão pela qual você perde a sua felicidade por qualquer coisinha e com tanta regularidade.

A máscara da culpa

Você coloca essa máscara assim que pensa "eu fiz algo errado", o que é frequente. Você até assiste e se identifica com ações erradas dos outros e se sente culpado por eles. Seus pensamentos mais constantes incluem: "Eu estraguei tudo de novo... Eu sempre faço tudo errado... Eu não consigo fazer isso sem desapontar alguém". Ver a si mesmo como culpado é fácil se seus pais eram muito críticos na sua infância, ou os professores eram severos e insinuações de "Você errou outra vez!" eram constantes. O volume de tristeza que vive no coração da culpa e da vergonha estará sempre de tocaia para estourar qualquer bolha de felicidade genuína.

A máscara da subserviência

Quando você usa essa máscara se curva para os outros em sua mente; considera os outros superiores a você. Surgem pensamentos como: "Quem me dera poder fazer isso..." Eu nunca poderia ser tão bom nisso..." Eu tenho muita sorte de conhecê-los", são todos sinais de que a sua autoimagem é sempre de "pequenez" em comparação com os outros. À medida que você sufoca o seu eu dessa forma, sufoca a sua felicidade natural, tornando impossível qualquer satisfação duradoura.

A máscara da superioridade

Você usa essa máscara quando pensa em si mesmo como aquele que não apenas sabe, mas "sabe tudo" com mais clareza e profundidade. Você pensa em si mesmo como o "maior", aquele que tem uma solução para todo problema. Tem um ar de superioridade e uma atitude de "eu é que sei". Essa autoimagem garante que você enxergue os outros como ameaças ao seu trono. Haverá o medo de que talvez você não saiba mais/mais profundamente/mais claro e que "eles", de fato, sim. Isso irá corroer a felicidade em seu íntimo, mas você provavelmente não notará isso... muito! E você certamente não vai demonstrar isso... com frequência!

A máscara da sedução

Essa é a máscara do carente, usada quando você deseja a atenção dos outros de modo que possa se sentir valorizado. Você tenta atrair a energia dos outros para si. Não se refere a "sedutor" em nível físico; essa autoimagem grosseira baseada na forma já foi transcendida. Sedutor aqui significa palavras elegantes, observações lisonjeiras, elogios calorosos, todos expressos de maneira mental e emocionalmente atraentes para "o outro". Você então cria e carrega um certo orgulho quando os outros gravitam em sua direção, como resultado do que acredita ser sua atratividade magnética. Isso se torna um dragão que precisa ser alimentado regularmente, e quando o alimento é ameaçado, como será todos os dias, a ansiedade irá despachar qualquer felicidade com eficiência clínica.

"A arrogância que há por trás dessa máscara está sempre oscilando entre o medo e a raiva."

A máscara da sensibilidade

Essa é uma máscara popular, usada quando você se vê como aquele que se importa mais e melhor. Você está sempre à procura de oportunidades para "estar lá" para os outros em suas crises emocionais e pessoais. Quando você usa a máscara da sensibilidade, pensa: "Só eu posso avaliar o que você está passando..." Só eu posso ajudá-lo a lidar com seus desafios de vida..." Só eu posso entender o que de fato está acontecendo aqui". A arrogância que há por trás dessa máscara está sempre oscilando entre medo e raiva. Medo de que algo lhe passe despercebido e você possa perder a sua reputação como o "tão sensível e atencioso". E raiva de que os outros não possam permitir que você se coloque no lugar deles por completo, a fim de sentir plenamente o que estão passando e entender sua situação, para que você possa ser visto se importando e sendo carinhoso com eles! E assim sua felicidade será fugaz e dependente daquela pessoa para a qual está sendo tão sensível.

A máscara da dor

Bem, todas as anteriores são máscaras que induzem à tristeza, mas a rainha de todas as máscaras é a autoimagem baseada na tristeza. Ela é usada com mais frequência quando você decide sentir pena de si mesmo. Ainda que você possa estar gritando com os outros "Eu não quero a sua compaixão", provavelmente está compadecido de si mesmo por ter atraído a piedade dos outros! Por um lado, você usa a piedade dos outros para melhorar sua autoimagem de tristeza, e então a rejeita fervorosamente e começa a se sentir isolado, pensando: "Será possível que eu sou o único por aqui que sente pena de mim?"

Todas essas autoimagens sutis, que criamos e usamos como máscaras interiores, são, é claro, o "ego trabalhando". É apenas um nível mais sutil do hábito de criar algo que não somos e nos identificar com isso. Esse algo é sempre uma imagem, um conceito, uma ideia ou apenas uma opinião.

Obviamente, nenhuma dessas máscaras é o verdadeiro eu. Elas nunca podem ser o eu "real". O verdadeiro rosto por trás das máscaras é o criador e portador das máscaras. É o rosto que nunca pode ser visto. Estar em paz e sentir a autêntica felicidade só é possível quando não temos máscaras. É quando temos consciência do nosso eu como o rosto sem rosto... por assim dizer!

Mas, para a maioria de nós isso pode soar um pouco apavorante!

E é aí que entra em cena a Máscara do pavor!

QUESTÃO

Qual das sete máscaras você acha que costuma criar e usar com mais frequência?

REFLEXÃO

Como você descreveria a natureza precisa de sua tristeza quando se esconde atrás dessa máscara?

AÇÃO

Na próxima semana, preste atenção nesses sentimentos de tristeza, e assim que você se tornar ciente deles, retire sua máscara e veja a diferença que faz.

"Estar em paz e sentir a autêntica felicidade só é possível quando não usamos máscaras."

POR QUE É IMPOSSÍVEL AMAR A SI MESMO

Há uma afirmação que se ouve com frequência nos *workshops* de desenvolvimento pessoal. Está escrita em inúmeros livros. É um dos mantras do que ficou conhecido como pensamento "nova era". É quando alguém diz: "Preciso aprender a me amar".

Em sua determinação de gerar mais "amor-próprio" muitos foram direto para o "espelho, espelho meu" e começaram a repetir sua nova autoafirmação: "Eu me amo" para o reflexo de seu rosto. E então se perguntam por que isso não muda muito as coisas. O que não é surpreendente, pois o rosto que vemos no espelho não é nem o "eu" nem nossa "personalidade", é a máscara física que habitamos e usamos.

Amar o seu rosto e, por conseguinte, o seu corpo, acreditando serem ambos "o que eu sou", só fortalece seu apego e identificação com seu corpo. E isso não é amor, é apego! E provavelmente cria e fortalece uma combinação de vaidade e narcisismo. Isso, por sua vez, só gera mais ansiedade, pois tanto o rosto como o corpo estão obviamente em estado permanente de decomposição!

Então "amar a mim mesmo" não é amar meu corpo. Mas isso não quer dizer que nosso corpo não precise de cuidados. Ele é, afinal de contas, nossa "limusine pessoal", razão pela qual precisamos cuidar bem dele!

Castigo escolar

E também existem aqueles que escrevem milhares de vezes a autoinstrução/afirmação: "Eu me amo". O que mais parece uma reminiscência do castigo escolar de escrever mil vezes uma frase como lição! Mesmo enquanto repetem a afirmação de autoamor, esses também acabam se perguntando por que isso não muda muito as coisas. Leva tempo para se perceber que é necessário mais do que um "pensamento", não importa quantas vezes ele seja repetido, para mudar a maneira como "nos sentimos" em nosso eu e a respeito dele. Eles provavelmente não percebem que ao se concentrarem muito, ou repetidas vezes, em um pensamento qualquer, na verdade suprimem seus sentimentos.

A repetição de um pensamento também se torna um pouco chata. Então, alguns começam a expandir a ideia para "Eu estou aprendendo a me aceitar", "Estou me tornando gentil para comigo mesmo", "Eu sou compassivo comigo" ou "Estou aprendendo a me perdoar". Mas sem "sentir" a autêntica força do amor também esses pensamentos proporcionarão apenas um benefício breve e limitado, e terão, portanto, uma duração igualmente breve e limitada. Você não pode "pensar" sua maneira de amar.

Amando os outros

A filosofia e a ideologia do "Eu me amo" também é sublinhada pela crença igualmente comum de que você não pode amar os outros, ou mesmo apenas um outro, até que seja capaz de amar a si mesmo. Parece lógico e parece fazer sentido. Então, quando alguns descobrem que não querem amar os outros ou são incapazes de dar amor a eles, geralmente concluem que ainda não estão amando bastante a si mesmos!

"Você não pode pensar sua maneira de amar."

Então, eles se culpam por não se amarem o suficiente. E se diminuem ainda mais quando se veem falhando em viver de acordo com os outros e suas próprias expectativas. Aí, é pretexto para participarem de outro *workshop* ou seminário para se lembrarem e reafirmarem que eles ainda podem aprender a "amar a si mesmos"!

Esse processo pode muito bem prosseguir em uma espécie de ciclo vicioso por algum tempo, muitas vezes anos, até que certo dia, talvez, tenhamos um "clique de iluminação" e caia a ficha de que não é possível "amar a si mesmo"! É uma missão impossível de se concluir. É uma tarefa, um objetivo e uma meta condenados ao fracasso previsível e inevitável! Mas por quê?

Qual deles eu sou?

O amor é um nome para a consciência pura e luz radiante do ser consciente que somos. Mas somente quando estamos livres de todo apego, o que significa estar livre de todas as tentativas de ter, segurar, possuir, adquirir ou desejar qualquer coisa ou alguém. Por quê? Porque cada um desses hábitos gera medo. Se você observar e conhecer seus próprios sentimentos, enxergará isso claramente em si mesmo!

O medo é amor distorcido pelo apego. É a mesma energia (da consciência, que *é* o eu), mas uma vibração diferente, uma frequência diferente e, portanto, um "sentimento" muito diferente. Quando você sente amor está livre de todos os impulsos para agarrar, possuir, adquirir, desejar, de modo que a energia de sua consciência, que é você, se irradia livremente para o mundo.

"Dizer 'eu me amo' só sustenta a ilusão de que existe um 'eu' e um 'ego'."

O amor é o que eu/você/nós somos sempre que nos doamos, com a intenção de beneficiar o outro, enquanto não queremos nada em troca. Em tais momentos, o amor é o que o "Eu" que diz "Eu sou", é! Esse é o seu eu! Isso é VOCÊ!

No entanto, para muitos de nós, depois de uma vida inteira de "habitualmente querer", esta é uma "inspiriência" pessoal tão rara que tentamos induzir tais sentimentos observando os "outros" aparentemente sendo amorosos. Nós então vivemos indiretamente através de seus relacionamentos e interações, uma vez que eles parecem ter encontrado o amor ou estão amando. É por isso que Hollywood hipnotiza o mundo inteiro com histórias e dramas construídos a partir do "amor romântico". Nós geralmente não percebemos que não é amor o que estamos observando, mas apego. Daí as emoções de tristeza, frustração e ansiedade que compõem todos os "dramas" ficcionais para os quais nos permitimos ser sugados.

Um ou dois EUS

Dizer "eu me amo" só sustenta a ilusão de que há dois eus, quando, na verdade, há apenas o eu que diz "eu sou". O "eu" é a sua identidade e a sua identidade é o próprio amor! Assim como o olho não pode se ver e o dedo não pode se tocar, você não pode amar a si mesmo. O amor não pode amar o amor! Nem o "eu" nem o amor são objetos. O amor apenas "é" porque você apenas "é". Mas apenas quando você não está apegado!

Esse nível de "autopercepção" altera completamente a sua compreensão do que é o amor e onde ele está. Ele deixa de ser algo que você acredita que pode ser buscado, encontrado e conhecido apenas através de um relacionamento especial, como mostrado por Hollywood em particular e no *marketing* em geral, em algo que nunca pode ser "adquirido"! Pode ser recebido, mas você já não precisa mais adquiri-lo quando percebe que ele é o que você é. Essa percepção também dissolve outra crença comum, a de que o amor é algo "necessário" e, portanto, obtido fora de si mesmo, revelando uma consciência do "eu" como uma fonte de amor no mundo.

A busca terminou

Dar-se conta de que o amor é o que você é, libera-o da "grande busca" pelo amor. Então, surge a pergunta: "Se o amor é o que eu sou, por que não me sinto amando nem me reconheço como amor"? Ao "trabalhar" essa pergunta você começará a enxergar e perceber qual é o obstáculo que o está impedindo de ser o seu eu, de você ser o próprio amor. Você provavelmente vai perceber que, afinal de contas, o amor nunca está perdido, uma vez que "você" nunca pode se perder de si mesmo! Você simplesmente sabota a qualidade da vibração da sua consciência, que é o seu eu, tornando-se apegado a qualquer coisa ou alguém!

O apego é o principal sintoma da "busca pelo amor". O apego sempre gera o medo em suas muitas formas, incluindo ansiedade e preocupação, que são sempre sinais de que você está procurando no lugar errado pelo amor!

De mim para você

Talvez a resposta mais simples à pergunta "Como eu sei que o amor é o que sou" é a seguinte:

> *Só quando você dá o que TEM dentro de si é que conhece o que você É. Só quando você dá o que você É que você conhece o que você TEM! Por isso, quando você dá o que tem "com amor", você é o primeiro a conhecer e sentir esse amor... "saindo"! Quando você diz: "Isto é de mim para você com amor", você poderia muito bem dizer: "Isto é de mim para você com a minha energia"!*

Só quando você "dá" o que é, sabe que aquilo que tem "dentro de si" é o mesmo que você é! E quando você dá com amor percebe o seu eu como amor. Só que em tais momentos você não está pensando "Eu sou amor"! Mas observe que o último pensamento que lhe passaria pela cabeça em um momento como esse seria: "Eu preciso aprender a me amar". Por que haveria de ser, como poderia ser, se você sabe que o seu eu é o próprio amor?

Desse momento em diante, sempre que ler ou ouvir alguém dizendo a frase "Eu preciso aprender amar a mim mesmo", você reconhecerá que se trata apenas de um código para "Eu preciso encontrar o amor/obter amor/ser amado porque eu ainda não percebi que eu sou amor!" Então, você pode perguntar a esse alguém: "Qual deles é você? Você é o 'eu' ou o 'eu mesmo'"? Ou você é o "mim", tipo: "Mim, eu mesmo e eu"? Agora, quem precisa amar quem... aqui?*

---

* Extraído e adaptado do livro *The 7 Myths About LOVE... Actually! Unravelling the Mysteries of Love* (Os 7 mitos sobre o amor – Uma viagem da mente ao fundo da alma [N.T.]).

VOCÊ É VÍTIMA, APRENDIZ OU MESTRE?

Vida significa mudança, e mudança significa a natureza fluente e florescente da vida. Como um rio, a vida está sempre em movimento. Infelizmente, costumamos aprender que devemos "amaldiçoar o rio", enquanto tentamos deter o fluxo e "nos apegar" (a) às coisas do jeito que estão e (b) ao que pensamos ter adquirido do próprio rio! Isso é conhecido como a "filosofia Que droga!" de administração de mudanças! Essa filosofia é garantia de criar uma jornada estressante, já que o tempo todo ficamos murmurando "que droga!" para nós mesmos! Alguns, entretanto, aprenderão a praticar a "filosofia judô" de administração de mudanças, deixando de lado o velho para acolher e "abraçar o novo", criando assim maneiras de fluir com o rio, e não contra ele.

VOCÊ teme mudanças? Você está praticando a filosofia do "que droga!"? Você anda resistindo às pessoas e às situações? Qualquer forma de resistência em qualquer lugar, em qualquer momento significa que você tem medo de mudar. Significa que você "acredita" que está prestes a perder alguma coisa, uma vez que qualquer tipo de medo é sempre sinal de perda futura "imaginada". As sete coisas mais comuns que as pessoas temem perder quando sua resistência começa a aparecer são os 7 "pês": posição, poder, pagamento, posses, pessoas, prestígio, privilégios.

Nas duas últimas décadas a "indústria da administração de mudanças", estabelecida e sustentada por um exército de consultores e treinadores altamente remunerados, pregou seus evangelhos sobre como esperar, medir, gerenciar e ser um mestre da mudança no mundo. Um de seus mantras é: *A única coi-*

sa neste mundo que não muda é a própria mudança. Mas parece que eles subestimaram o principal! Pois há algo mais que nunca muda e que é "aquele" que observa a mudança acontecendo. Aquele que observa, testemunha e espera na mudança não é outro senão o "eu" de cada um, é a única coisa que nunca se move! Se bem que não se trata de uma "coisa". O "eu" que diz "eu sou" não é uma coisa!

A ideia de "administração de mudanças" implica que a mudança pode ser controlada. Mas o verdadeiro "mestre da mudança" sabe que ele não pode controlar qualquer mudança no mundo "lá fora", e nem precisa. E definitivamente não quer! Mas ele está ciente de que pode "influenciar" o fluxo da mudança.

"Mestres da mudança estão plenamente conscientes, mas não são perturbados por qualquer coisa que acontece em torno deles."

O **mestre** da mudança percebe que mudança em todos os níveis, do material ao mental, dos acontecimentos às circunstâncias, é como a música de fundo em um filme; ela simplesmente acompanha tudo por trás de cada cena. A sinfonia da vida é chamada de mudança, e a sinfonia está sempre tocando exatamente como deveria.

O **mestre** sabe que, quanto menos você quiser "controlar" como o rio da vida está destinado a fluir, mais você será uma "influência" sobre como e onde o rio flui. A alma iluminada se concentra não em controlar o processo de mudança, mas na consciência que percebe a natureza da mudança. Ela sabe que o nosso estado de consciência é a influência mais poderosa na direção da mudança em que se concentrará.

Muitos de nós nos vemos perpetuamente como **vítimas da mudança**, sempre culpando a vida e reclamando sobre como ela atravanca o caminho da nossa felicidade. Alguns são **aprendizes da mudança**, tentando descobrir por que a vida lança determinadas pessoas, acontecimentos e circunstâncias em seu trajeto, da forma que faz. Estão sempre procurando melhores técnicas e métodos para não serem afetados e estressados pelo inesperado e indesejado. Outros são **mestres da mudança**, plenamente conscientes, e ainda assim não perturbados por qualquer coisa que aconteça em torno deles.

A **vítima** da mudança vive a vida como fonte contínua de estresse. Para o **aprendiz** da mudança, a vida é tanto uma luta quanto um professor, dependendo do que esteja acontecendo exatamente, e de seu estado mental no momento. Para o **mestre** da mudança, a vida é uma dança. Os consultores e os treinadores precisam de vítimas e aprendizes da mudança; do contrário, perderiam seu emprego! A última coisa que eles querem em suas reuniões de estratégia ou suas aulas é um mestre da mudança, pois provavelmente acabariam virando alunos!

"Muitos de nós nos vemos perpetuamente como vítimas da mudança, sempre culpando a vida e reclamando sobre como ela atravanca o caminho."

Então, o que você é? Você se considera uma vítima, um aprendiz ou um mestre? Eis aqui alguns dos outros sinais e sintomas de cada tipo e uma oportunidade de descobrir onde sua MENTALIDADE se localiza ao longo do "espectro da mudança".

Percepção da mudança

A **vítima** da mudança está sempre cantando a música "Por que isso está acontecendo comigo?", uma vez que atribuem a perda da paz e da felicidade a alguém ou a algo "lá fora". O **aprendiz** da mudança se esforça para enxergar qualquer mudança no mundo "lá fora" que esteja prestes a ter um impacto sobre a maneira como ele vive e trabalha, não como acontecimentos que possam forçá-lo a perder algo, mas como oportunidades de ganhar alguma coisa.

Ele pratica a troca da "filosofia Que droga!" de administração de mudanças, que afirma que você deve se agarrar a tudo em sua vida e manter as coisas da maneira que são, pela "filosofia judô" de administração de mudanças. Esta abordagem se baseia no entendimento de que todas as mudanças são meramente formas diferentes de energia que vêm em sua direção, que a coisa sábia a fazer é abraçá-las e, depois, fazer com que sua direção e impulso trabalhem para você.

O objetivo do **aprendiz** é, portanto, promover uma alteração na própria percepção das mudanças de "possível perda" para "provável ganho". O **mestre** da mudança, por outro lado, já percebeu que ele não tem nada a perder, pois sabe que "na realidade" ele não possui nada. Ele nunca se sente "ameaçado" por qualquer acontecimento no mundo em constante mudança "lá fora". Livre da crença na perda, livre do desejo de ganhar, ele é livre para enfrentar a vida como ela acontece, de peito aberto, sem preconceito, preferência ou expectativa.

"O aprendiz da mudança está continuamente lutando para superar os sentimentos de separação, isolamento e solidão quando ele enfrenta os desafios de um mundo em mudança."

Capacidade de lidar

Em qualquer "processo de mudança", assim como acontece dentro das empresas, a **vítima** da mudança mal consegue lidar com isso. Ela rapidamente alcança o seu limite e grita: "Chega, não posso mais aguentar". Ou começa a lutar com aqueles que parecem estar iniciando as mudanças. O **aprendiz** da mudança, por outro lado, ou (a) procura entender por que as coisas ali precisam mudar ou (b) se esforça para ver a mudança de sua situação como uma oportunidade para aumentar a sua capacidade de lidar e aprender.

O **mestre** da mudança atingiu um ponto onde ele não precisa mais lidar com nada. Ele percebeu que a própria natureza da vida fora do eu é "mudança", e que a verdadeira natureza do eu é quietude. Ele sabe que em torno da quietude a mudança deve inevitavelmente fluir, como a água ao redor de uma rocha. O mestre da mudança é como uma rocha. Sua vida é tocada pelo mundo em mudança, mas nunca abalada, nunca perturbada. Ele permite que a mudança flua ao redor e através de sua vida, mas ele já não é mais moldado por ela. Se alguma vez chegar a sê-lo, ele a usa para se tornar mais "arredondado".

Pronto, disposto e capaz

A **vítima** da mudança está sempre reclamando sobre seu estresse. Todo sinal de estresse significa que ela não está *pronta* para o mundo mudar, não está *disposta* a enfrentar a mudança ou não é *capaz* de lidar efetivamente com as mudanças que estão acontecendo.

O **aprendiz** da mudança pode ter reconhecido que o ritmo da mudança no mundo só vai continuar a acelerar. Ele está, portanto, trabalhando continuamente na preparação de si mesmo, a fim de estar mais *pronto*, mais *disposto* e mais *capaz* de lidar com tudo o que vier quando acontecer. Seu aprendizado gira em torno de um esforço consciente para mudar de "reagir" para "responder", restaurando, assim, o autocontrole diante do "incontrolável".

Para o **mestre** da mudança não há surpresas! Ele é sempre capaz de responder adequadamente. Ele não tem que "ficar" *pronto*, pois está sempre pronto. Ele não tem que se tornar *disposto* para enfrentar o que quer que aconteça, pois não tem intenção de evitar nada nem ninguém. E ele não precisa desenvolver sua *capacidade* de lidar com a mudança, uma vez que sua capacidade já foi desenvolvida, geralmente através do processo de progredir do estágio de vítima para aprendiz, e depois para mestre.

Sozinho ou solitário

Com a tendência de levar as coisas para o lado pessoal, a **vítima** da mudança frequentemente se sente abandonada e sozinha. O **aprendiz** da mudança pode lutar para superar os sentimentos de separação e isolamento, mas provavelmente aprenderá a estender a mão e ajudar os outros a lidarem com as mudanças sabendo que, enquanto ajuda os outros, ajuda a si mesmo. O **mestre** da mudança, por outro lado, nunca se sente isolado em um mundo em mudança, porque sabe que tudo é interconectado de maneira inexorável em um nível mais invisível, e está sempre disponível para apoiar os outros através dos desafios que a mudança deve trazer para aqueles que ainda não se graduaram na escola da maestria!

Ele sabe e está constantemente consciente de que estamos todos juntos nesse jogo da vida. O **mestre** da mudança nunca se sente solitário porque conhece e aceita a separação como uma condição natural do mundo material. Ele sabe que no nível do mundo material ele está sempre sozinho! Conectado, embora separado, sozinho, mas nunca solitário, o universo do mestre da mudança "parece" ser cheio de tais paradoxos e aparentes contradições. Mas para o próprio mestre da mudança não há contradições nem paradoxos, pois todos são "um" na realidade primária de sua própria consciência.

Dominar a mudança não consiste em usar técnicas, estratégias ou ferramentas preconcebidas ou aprendidas. Tornar-se um **mestre** da mudança é o reconhecimento de uma percepção completamente nova do mundo e de um papel no mundo. A partir do seu centro silencioso e imóvel, o **mestre** da mudança vê que o mundo à sua volta está em estado de permanente mudança, no qual as energias da vida simplesmente sobem e descem, baixam como a maré e fluem, aumentando e diminuindo. É o jeito da natureza!

A partir dessa consciência o mestre age, o que significa: "cria a sua resposta", de dentro para fora, instruído e moldado por uma sabedoria que se encontra na imutável quietude de seu ser, e não pelas exortações, demandas, desejos ou súplicas dos outros.

A **vítima** da mudança está continuamente gritando: "Por que isso está acontecendo COMIGO?" O **aprendiz** da mudança diz a si mesmo: "Por que isso está acontecendo PARA mim?" O **mestre** da mudança está calmamente ciente de que "toda mudança está acontecendo ATRAVÉS de mim!" Ele percebeu que a realidade primária na qual a mudança ocorre não está lá fora, no grande mundo do tempo e do espaço, mas "aqui", no grande espaço interior de sua própria consciência.

Ele percebeu plenamente que "não é o que acontece ao meu redor que me faz sentir assim, é o que eu faço com o que acontece à minha volta que me faz sentir assim"!

QUESTÃO

Onde no espectro vítima, aprendiz, mestre você atualmente posicionaria seu eu num dia normal?

REFLEXÃO

Quando as coisas acontecem em algumas partes do mundo, dizem: "Não fique aí parado, faça alguma coisa!" Mas em outras partes do mundo, dizem: "Não faça qualquer coisa, fique aí parado!" Qual a razão das diferentes respostas e qual é a diferença entre as duas?

AÇÃO

Exercício de conscientização: tire cinco minutos ao final de cada dia desta semana para rever o dia e decida em qual modo você estava (vítima/aprendiz/mestre) em vários pontos ao longo dele.

LIDAR COM A PERDA DE UM ENTE QUERIDO

Em resposta à pergunta: **Como podemos ajudar alguém que está passando pelo processo de perda de um ente querido?**

Um dos maiores desafios na vida que todos nós podemos enfrentar um dia é a perda de um ente querido. É "provável" que nossa resposta a isso varie dentro de um espectro que vai de uma tristeza leve, mas significativa, até um sentimento de total devastação e desolação – ninguém sabe, até que de fato aconteça.

Preparar-nos para tal eventualidade não é invocá-la nem nos deixar arrastar para uma espécie de fantasia mental mórbida. É uma preparação que pode nos ajudar a apoiar os outros enquanto eles lidam com a perda de um ente querido antes ou durante o seu luto. Assim, o primeiro passo, se quisermos oferecer uma mão de consolo e apoio para os outros, é ter noção de como nós mesmos lidaríamos com essa perda em nossa própria vida.

Caindo na real

A forma que nós ocupamos é perecível e todos temos o nosso momento destinado de partida para o repouso da morte. Essa é uma realidade básica na vida de todos nós. Antes de tal evento, poderíamos nos lembrar de que não há nada mais inevitável na vida do que a morte. A aceitação da inevitabilidade da morte não é convidá-la nem é desistir da vida, mas simplesmente aceitar a verdade de uma realidade universal. Algumas pessoas até usam essa verdade para garantir que vivam plenamente e não desperdicem "tempo de vida". É quase impossível controlar a nossa data de partida. Lutar mentalmente contra sua inevitabilidade futura, além de ser inútil, drena muito fácil qualquer chance de felicidade que temos no aqui e agora. Sem falar no desperdício de energia!

Ilusão comum

Quando dizemos que perdemos ou estamos prestes a perder um ente querido, poderíamos também lembrar a nós mesmos que a nossa perda é uma ilusão, que a "perda" de alguém é impossível, já que, para início de conversa, eles não eram nossos para que nós os "possuíssemos". Qualquer tristeza/pesar é sempre o resultado da crença de que algo foi perdido, o que, por sua vez, é baseado na crença de que algo foi possuído. Mas podemos possuir outro ser humano? É óbvio que não! Nós inclusive lembramos a nós mesmos e aos outros que não podemos possuir nada quando dizemos: "Bem, você não pode levar isso com você pro caixão". É por isso que qualquer tristeza/pesar baseia-se na ilusão de que você "tinha" (possuía-o) o ente querido enquanto ele estava aqui! Isso não quer dizer que não se deva ficar triste, ou que é ruim ficar triste. Estamos apenas buscando compreender por que exatamente ficamos tão tristes quando parte alguém próximo.

"Qualquer 'sofrimento' é um sinal de que estamos temporariamente desconectados de nossa verdadeira natureza, que é tranquila, forte e amorosa."

Se investigarmos mais a fundo poderemos descobrir que o nosso sofrimento deve-se ao fato de que confundimos amor com apego... de novo! Embora possamos conhecer a teoria do "amar é deixar partir", mesmo quando sabemos que todo o medo antes da perda e toda a tristeza após o momento da perda são resultado de nosso apego (que nós confundimos com amor), ainda assim é difícil não sofrer quando chega o momento. Esse hábito de "se apegar" está tão profundamente arraigado em nossa consciência, que nós até mesmo justificamos nossas lágrimas afirmando outra crença/ilusão comum que diz "sofrer faz parte", que é o código para "é da natureza humana e, portanto, é natural sofrer". Mas, é mesmo? Se nos entregarmos a essa crença, podemos viver a nossa vida inteira de forma infeliz e não perceber que poderíamos ter feito algo a respeito! Suspeito que muitos façam isso!

Nossas lágrimas continuarão sendo derramadas até que percebamos e recordemos aquela verdade mais profunda, que nos lembra que qualquer "sofrimento" é um sinal de que estamos temporariamente desconectados de nossa verdadeira natureza, que é tranquila, forte e amorosa. A força oferecida por nossa verdadeira natureza só é acessível quando "compreendermos" a ilusão de que apego é um sinal de amor, a ilusão de que nossas lágrimas demonstram que nos importamos, a ilusão de que nosso sofrimento emocional é natural. Não é fácil nos desvencilhar de tais ilusões em um mundo que as confirma e celebra quase todos os dias.

Não chore por mim!

Em meio à nossa tristeza após a partida do nosso "ente querido" (ou deveríamos chamá-lo agora de "ente apegado"!), poderíamos perguntar, como muitos fazem: "Será que 'eles' querem que a gente sofra depois que se foram?" "Será que nos agradeceriam por nossas lágrimas e nossa infelicidade autossustentável?" É altamente improvável! Na verdade, é quase certo que diriam exatamente o oposto, como de fato alguns fazem antes de partir. Eles provavelmente iriam querer que seguíssemos com a vida, fôssemos felizes e ficássemos em paz. Não iríamos querer que aqueles que deixamos para trás fizessem o mesmo? Ou sentiríamos prazer em saber que eles ficaram devastados após a nossa saída do palco da vida?

Lá vêm eles!

E há também a resposta espiritual à morte ou à "partida" do outro, que nos lembra de que ele na verdade não morreu. Simplesmente deixou sua forma física atual e renasceu em uma nova forma. Obviamente, não existe evidência científica para essa antiga crença sobre o que acontece quando morremos. Mas há inúmeras evidências anedóticas de "renascimento" em crianças pequenas que trazem memórias muito claras de uma vida anterior e daqueles que passaram por alguma forma de hipnose regressiva. Se pudermos "intuir" alguma verdade na ideia de que a alma (o eu) simplesmente deixa o corpo no momento em que a morte nos chega, então, em vez de chorar, poderíamos "ajudá-los a fazer a passagem", desejando-lhes o bem e com bênçãos em abundância para o próximo capítulo de sua grande aventura. Mais ou menos como poderíamos desejar "boa viagem" aos amigos que estão partindo para as suas férias anuais.

Essa ideia da jornada da alma é retratada nas palavras de Victor Hugo em *Os trabalhadores do mar*, nas quais ele usa a metáfora do barco navegando no horizonte:

> Um barco parte e eu fico sozinho, observando até que ele desaparece no horizonte, e alguém ao meu lado diz: "Ele se foi". Foi para onde? Foi para longe de mim, só isso; está em mim tão grande quanto quando o vi. O seu tamanho sendo reduzido e sua imagem desaparecendo da minha visão estão em mim, não nele; no momento em que alguém ao meu lado diz "Ele se foi", há outros que estão observando-o chegar, e outras vozes estão comemorando com gritos de alegria: "Aí vem ele!" E isso é morrer.

"No fim das contas, o nosso medo da morte não é um medo do desconhecido, mas um medo da perda, da separação, coisa que nós já conhecemos!"

Talvez seja por isso que, em algumas culturas, as pessoas não lamentam a morte, mas a celebram. Elas realizam uma festa para celebrar a vida de um bom amigo e ajudá-lo em sua passagem com uma onda de amor, felicitações e alegria. Sim, por favor!

Morrendo em vida

No fim das contas, o nosso medo da morte não é o medo do desconhecido, mas o medo de perder e nos separar de algo que já conhecemos e "acreditamos" possuir. É por isso que, para muitos, a ideia de morte em si não é uma questão importante; é a forma como acontece que é! Se há medo, então geralmente é um medo da quantidade de dor física que pode ter de ser suportada enquanto cruzamos lentamente a "porta de saída" no fim do "corredor da vida". Mas se por um lado o momento exato de nossa partida nunca é conhecido de antemão, por outro parece que podemos influenciar o nosso próprio momento de morrer, saindo do corpo físico sem dor no final "deste capítulo" e partindo em paz. Essa possibilidade é sintetizada pelo ditado: "Se você morrer antes de morrer, quando morrer não morrerá". Também conhecido como "morrer em vida", isso significa simplesmente que pode haver uma escolha consciente em aceitar e deixar para trás tudo a que estamos apegados.

A morte, nessa linha de sabedoria espiritual, é dolorosa apenas quando nos aferramos aos nossos apegos, enquanto ao mesmo tempo estamos sendo arrancados deles. Brinquedos e crianças nos lembram desse apego aos objetos da vida e as lágrimas que facilmente fluem quando a vida reivindica que os brinquedos sejam devolvidos. Se formos capazes de aprender a deixar as coisas para trás, antes de sermos forçados a largá-las, poderemos enxergar o "fim da linha" como um suave regresso ao lar; um movimento gradual, inevitável, infalível, uma despedida fácil e natural, a ascensão da alma para o seu lugar de repouso, independentemente do que quer que esteja acontecendo tanto dentro do nosso corpo como em torno dele naquele momento.

Se pudermos de fato compreender isso por nós mesmos, então talvez possamos ajudar os outros a cruzarem a soleira da porta em nossos braços, deixando-os partir, e então deixando-os saber que os deixamos partir, enquanto ainda "estamos lá" com amor e carinho por eles, enquanto eles fazem a travessia para o outro lado.

Momentos finais

Esse negócio de morrer não é fácil! Mas parece haver maneiras de torná-lo mais fácil para nós mesmos, e depois para os outros, quando alguém próximo de nós estiver prestes a seguir em frente. No processo de explorar e compreender a verdadeira natureza dos nossos "momentos finais", nós também acabamos apreciando "esta vida" pelo que ela simplesmente é: uma incrível oportunidade de viver com plenitude e alegria, que não vai durar para sempre. Além do mais, se alguém nos oferecesse a chance de viver por quinhentos anos, será que a aceitaríamos?

No processo de ajudar uma pessoa que está em vias de perder alguém próximo, a questão talvez seja não falar nada do que foi dito aqui anteriormente, mas apenas compartilhar com ela a força silenciosa que nós mesmos podemos adquirir ao refletir sobre aquilo que foi dito. E se a curiosidade dela for despertada, talvez esse seja o sinal para explorar de modo mais explícito algumas dessas verdades possivelmente mais profundas sobre "o inevitável".

O "desfecho" para cada pessoa é único e imprevisível, exigindo uma sensibilidade diferente a cada momento e um senso de adequação que não podem ser prescritos. É provável que isso também se aplique à pessoa mais próxima, a que está partindo!

Ao estarmos próximos de alguém que está prestes a partir somos confrontados – e alguns diriam que é um privilégio testemunhar isso – com um poderoso espelho no qual podemos enxergar exatamente onde estamos em nosso relacionamento com a morte. Ao olhar no espelho da morte de outra pessoa, temos vislumbres de quanto nós mesmos valorizamos viver, até que ponto estamos preparados para deixar "a festa" e em que grau estamos doando nossa própria vida enquanto não nos agarramos mais a ela.

QUESTÃO

Por que tememos a morte... de verdade?

REFLEXÃO

Qual é o significado de "morrer em vida" e por que isso é uma preparação para a "derradeira hora"?

AÇÃO

Se você soubesse que tem apenas seis meses de vida, o que você faria diferente?

VOCÊ TEM UMA HIERARQUIA DE NECESSIDADES?

Quando se pergunta "Você tem necessidades?", a maioria das pessoas responde quase que imediatamente de forma afirmativa: "Sim, claro que sim!"

Mas VOCÊ tem certeza?

O evangelho segundo Maslow é conhecido como "A hierarquia de necessidades". E de fato é encarado como "evangelho" nos quatro cantos do mundo! Que temos necessidades específicas, em uma escala crescente, parece ser uma proposição amplamente aceita como verdade, muitas vezes citada em seminários, livros e conversas que exploram nosso lugar, propósito e situação aqui no Planeta Terra! A validade dessa proposição, que provavelmente seria melhor descrita como "crenças de Maslow", raramente é questionada. Então, vamos fazê-lo!

A ideia de "necessidades", e a opinião de que temos algumas, se não muitas, parece ter se tornado a pedra angular de muitas escolas de psicologia, psicoterapia e muitas outras terapias. A espiritualidade, no entanto, provavelmente imploraria para diferir. Alguns diriam que, de um "ponto de vista espiritual", em última análise, não temos necessidades. Nosso corpo tem necessidades, mas nós/eu/você, não! Isso porque, do ponto de vista espiritual, somos espírito, e não a forma que ocupamos.

Do ponto de vista psicológico/terapêutico, somos entidades psicofísicas, o que essencialmente significa que "corpo" e "eu" são percebidos como sendo uma só coisa. Daí a ideia, na hierarquia de Maslow, de que nossas necessidades primárias são em essência baseadas no fato de sermos supostamente uma entidade física com uma identidade física. Contudo, o entendimento espiritual separa a consciência da forma, a alma do corpo. Mas como essa perspectiva poderia lançar um novo significado sobre a hierarquia de Maslow e alterar nossa mentalidade a respeito de nossas "necessidades"?

O que é a hierarquia?

Antes, repassemos brevemente a hierarquia de Maslow. De acordo com o psicólogo, nossa necessidade preliminar é **biológica/física**, isto é, a necessidade de ar, alimento, água, abrigo e calor. Depois, há a necessidade de **segurança**, proteção e ordem. Uma vez satisfeitas estas, nós passamos para a necessidade de um senso de **pertencimento**, de modo que o amor possa ser adquirido e sentido. Em seguida, vem a necessidade de **autoestima**, baseada em coisas como realização, *status* e reputação. E, por fim, a nossa maior necessidade, a mais profunda, que é a de **autorrealização**, que é traduzida por diferentes pessoas de várias maneiras, incluindo crescimento pessoal, atingir o seu pleno potencial e um sentimento de realização.

Mas são realmente necessidades? É verdade que não podemos viver vidas plenas e felizes até que essas necessidades, segundo Maslow, sejam atendidas? Como a ideia de que somos fundamentalmente um ser espiritual, ocupando e animando uma forma física, muda nossa interpretação da hierarquia de Maslow?

"A percepção do eu como espírito, não corpo, pode finalmente libertar-nos do medo (insegurança) de não ter as nossas necessidades físicas atendidas, porque elas não são* MINHAS *necessidades."

As necessidades básicas BIOLÓGICAS/FÍSICAS

Mesmo no nível físico mais básico, a "perspectiva espiritual" poderia lançar alguma dúvida sobre a veracidade das ideias de Maslow. Do ponto de vista espiritual (i. é, eu sou espírito), quando adquirimos alimento/abrigo/vestuário etc., não o estamos fazendo para "mim", mas para o nosso corpo, isto é, o corpo que eu ocupo! Nossa primeira responsabilidade é para com o nosso corpo. Nosso corpo tem necessidades. Ele precisa de nós para cuidarmos dele.

Quando fazemos essa distinção entre o que às vezes é chamado de "autêntico eu" e "meu corpo", gradualmente deixamos de nos identificar com nosso corpo. Essa "mudança de identidade" pode, por si só, começar a reduzir os nossos níveis de insegurança. Isso só é possível quando o eu percebe seu eu como uma entidade espiritual que não precisa de ar, comida, abrigo etc.! Se houver uma necessidade isso soa mais como "Eu preciso cuidar do meu corpo. Meu corpo precisa de comida, abrigo, ar etc.", Isso é bem diferente de "Eu preciso cuidar de mim", que é o que estamos pensando quando nosso senso de identidade é baseado apenas em nosso corpo. **Dar** atenção às necessidades do nosso corpo é bem diferente de **desejar** algo para mim!

Dar e cuidar são atitudes que nascem do amor, ao passo que desejar sempre tem suas raízes no medo e na insegurança. Isso significa que a "perspectiva espiritual", ou seja, a percepção do eu como espírito, não corpo, pode começar a nos libertar do medo (insegurança) de não atender às necessidades físicas do meu corpo, porque elas não são MINHAS necessidades. Isso também pode começar a nos libertar da "mentalidade de sobrevivência" (medo), o que nos permite atuar a partir de uma intenção mais elevada, que é uma mentalidade de "cuidar do outro" (amar).

A necessidade de SEGURANÇA

Uma das observações mais comuns que surgem da consciência do eu como uma entidade espiritual invisível, animando uma forma material e se expressando por meio dela, é a "permanência do ser". Leva um tempinho (com um pouco de prática) notar que tudo muda. Todas as "coisas" vêm e vão. "Coisas" materiais, incluindo todas as formas "lá fora", vêm e vão. "Coisas" mentais, incluindo todos os pensamentos e sentimentos "aqui dentro", passam... tornam-se passado! Literalmente! Mas a única coisa que nunca passa e não vai a lugar algum é a pura consciência do "eu". Se ela é "percebida" por completo – como parece ter sido por muitos em sua busca por iluminação – então, segurança e sobrevivência deixam de ser relevantes ou questões válidas com que se preocupar. Enquanto corpos deixam de ser, o espírito que nós/eu/você somos, não!

Quando o eu é "plenamente percebido" como pura e permanente consciência que nunca passa, não há necessidade de segurança, uma vez que a "verdade espiritual" sobre a permanência do eu, quando percebida, nunca pode ser ameaçada. A crença de que precisamos estar seguros surge da crença de que nada mais somos do que as formas materiais temporárias, sempre mutáveis, que ocupamos. Não é preciso mais do que a decadência natural para ameaçar e destruir as formas físicas! Mas acreditamos que somos transitórios quando acreditamos que somos apenas uma forma. É por isso que a "crença" na própria transitoriedade é como um câncer na alma. Seu sintoma primário é uma ansiedade flutuante por trás de todos os nossos dias!

Além disso, se acreditarmos que temos uma "necessidade" de segurança passamos a temer e a evitar a insegurança continuamente, o que resulta em... insegurança perpétua!

A necessidade de pertencimento e amor

A necessidade de pertencer é muitas vezes confundida com a busca de um senso de identidade. Aprendemos a nos identificar com "ideias" como família, clube, profissão, nação, religião, raça etc. De cada uma dessas identidades "parece" que podemos extrair um "sentimento" de pertencimento. No entanto, não notamos que, em todos esses casos, estamos tentando exteriorizar nossa noção de eu. Estamos tentando encontrar nosso eu fora de nós mesmos. Do ponto de vista espiritual, essa é uma forma de insanidade! No mínimo, é extremamente não espiritual! Além disso, é o que dá origem ao ego, também conhecido como "falso eu" ou "identificação equivocada". Isso leva então a sentimentos de fragmentação, isolamento e infelicidade simplesmente porque cada uma dessas "identidades exteriorizadas" são limitadas, elas mudam e, portanto, podem ser ameaçadas.

Mais uma vez, a conclusão daqueles que parecem ter transcendido essa busca por pertencimento (encontrar uma identidade exteriorizada) nos diz que já pertencemos. Eles relatam um sentimento de conexão que é invisível, sutil e a um só tempo transcendente e transformador. Eles nos lembram de que não somos "uma coisa": somos pura luz, pura consciência, isto é, um ser consciente que já não precisa nem deseja se identificar com "coisa" alguma!

Essa percepção de que não temos nenhuma identidade não é uma perda do eu, nem um vácuo em que caímos, mas a restauração da consciência de ser apenas eu, a consciência ilimitada imediatamente antes do primeiro pensamento "eu sou". Segundo consta, essa é a libertação extrema, a liberdade definitiva, enquanto ainda estamos em uma forma material e atuando por meio dela. A partir desse estado de consciência, dizem, surge um profundo sentimento de interconectividade, uma paz natural e a simples e inocente alegria de viver. No entanto, é um "estado de ser" (consciência) que só podemos "conhecer" ao certo chegando lá e experimentando! Não é uma jornada que se encaixe facilmente em uma agenda ocupada!

"Se acreditarmos que temos uma 'necessidade' de segurança passamos a temer e a evitar a insegurança continuamente, o que resulta em... insegurança perpétua!"

E quanto ao amor, quando percebemos que o amor é o que somos, então a necessidade (que é na verdade um desejo) de encontrá-lo, obtê-lo e mantê-lo, cai por terra. É substituída pela doação de amor de qualquer forma que seja apropriada para a situação/cenário/circunstância etc. Só então o verdadeiro amor é conhecido. Se há "uma necessidade natural" em relação ao amor, é dá-lo!

A necessidade de ESTIMA

Quando se "acredita" que a estima depende e é definida por realização, *status* e reputação, podemos ver como essa "aparente necessidade" impulsiona grande parte da atividade humana no mundo de hoje. Mesmo à custa das outras supostas necessidades. Estima essencialmente significa *estimativa*, que significa *valorização*, que significa *valor*. Estamos cada vez mais conscientes das armadilhas de basear nosso senso de valor na realização, que é sempre momentânea; no *status*, que pode ser perdido a qualquer momento; e na nossa reputação, que pode ser destruída com apenas algumas tecladas! Quando a nossa noção de valor pessoal e, portanto, autoestima, se baseia em aspectos externos passageiros e delicados da vida, ela na verdade gera maiores sentimentos de insegurança e a frequente perda do valor percebido.

Como já foi dito, o ponto de vista espiritual revela uma consciência do valor real como algo que só é encontrado dentro do próprio... eu! É uma consciência de nosso valor que surge apenas do ato de doar o eu, sem buscar qualquer retorno. É a percepção do eu como uma fonte de amor, como uma fonte de energia de vida, que é inatamente criativa e com a capacidade de fortalecer os outros. Em paralelo a esta fonte interna de "valor" está a consciência da impossibilidade de perda, que é a base para o sentido último de segurança. Para o ser que restaurou sua verdadeira autoconsciência, e "dela vive", nada "real" pode ser perdido para sempre.

A necessidade de AUTORREALIZAÇÃO

Do ponto de vista espiritual, a ideia de autorrealização significa autopercepção. Quem deseja cristalizar o seu verdadeiro potencial, primeiro tem de perceber quem/o que é. Alguém que sabe que é um ser espiritual (animador da forma, mas não a própria forma) não tem necessidade de crescer ou cumprir qualquer coisa. Está intuitivamente ciente de que já é tudo o que pode ser, ou seja, nada precisa ser desenvolvido, nada real pode ser adicionado ao eu autêntico. Realização já é uma realidade, isto é, ele está consciente de que já é dotado com a capacidade de ser amoroso, pacífico e criativo.

No entanto, também é provável que esteja consciente de que a capacidade de amar (conectar-se aberta e totalmente com os outros e com o mundo) e ser criativo foi bloqueada e distorcida pelas crenças condicionadas do mundo. Crenças como: "Você é apenas o que vê no espelho", "É muito natural estar bravo e infeliz", "O sucesso deve ser medido pelo valor material" ou "Para sentir-se realizado você precisa satisfazer certas necessidades antes"! Todos esses tipos de crenças servem para suprimir a consciência da natureza ilimitada e infinitamente alegre que mora no coração de todo ser humano. Não no coração físico, mas no coração da consciência.

Da crença à verdade

Enquanto isso, não é ruim ou errado acreditar que temos essas necessidades. Só que não é essencialmente verdade... do ponto de vista espiritual! A palavra-chave aqui é "essencialmente". Desde que passemos da crença à verdade, que voltemos ao nosso estado natural de ser, para além de toda necessidade, não faremos muito mal ao tentar satisfazer algumas dessas "aparentes" necessidades. Só que costumamos transformar necessidades em desejos sem perceber e, então, eles se tornam "ganância" e dependências. É aí que a coisa desanda. Mas isso é assunto para outro seminário!

Concluindo, parece que, de um ponto de vista espiritual, a hierarquia de Maslow pode ser equivocada! Quando nos preocupamos em nos concentrar na autorrealização e em alcançá-la em primeiro lugar, o que em essência significa autopercepção, tudo mais se encaixa. Quando você sabe quem é como ser espiritual, deixa de basear sua autoestima/valor em coisas fora de seu eu. Isso é inato e jamais pode ser perdido. Então, a "insegurança" desaparece e um senso natural de segurança toma o seu lugar.

Quando você reconhece o seu eu como espírito, deixa de procurar um senso de quem você é "lá fora", deixa de procurar uma identidade no mundo. Você já não sente a necessidade de pertencimento, que na verdade significa sentir-se parte de algo externo, que na verdade significa que está procurando algo para completá-lo, porque você é e sempre foi inteiro em seu eu. E você sabe disso!

E quando reconhece o seu eu como espírito, como o ser consciente e completo que anima a forma que ocupa, você "reconhece" totalmente a sua responsabilidade de cuidar das necessidades do seu corpo. Mas isso agora acontece naturalmente. Como consequência de uma relação exata com seu corpo baseada em "dar cuidado" ao corpo, em oposição a "tirar prazer" do corpo, sua energia está livre da dependência e do medo. Você já não está mais ocupado com seus próprios prazeres sensuais e as ansiedades que os acompanham, e está mais disponível para se doar aos outros, cuidar deles, o que o torna valioso para eles. Isso é, então, correspondido em outros níveis, incluindo o nível físico. Como diz o velho ditado: Você colhe o que planta. E, então, torna-se mais fácil cuidar das necessidades do seu corpo.

Para além de TODA necessidade

Mas, e quanto àquelas outras necessidades menos físicas que aprendemos a acreditar que precisamos satisfazer? E quanto à necessidade de propósito, de metas, de um sentido na vida? Bem, mesmo aquelas necessidades mais esotéricas podem não ser verdadeiras necessidades no final das contas. Pode-se dizer que nós *precisamos* de um propósito na vida até que *não precisemos* de um propósito. Essa liberdade acontece quando nos damos conta de que a vida não tem outra finalidade a não ser vivê-la! Da mesma forma, pode-se dizer que nós *precisamos* de metas até que *não precisemos* de metas. Isso acontece quando nos damos conta de que uma meta é simplesmente outro desejo, e que todo desejo é, em última análise, desnecessário quando estamos realinhados com o fluxo natural da vida. *Precisamos* de sentido até que *não precisemos* de sentido. *Precisamos* ser amados até que *não precisemos* ser amados, o que significa que percebemos que o amor é o que somos. *Precisamos* de uma temporária identidade ou identidades até redescobrirmos e percebermos nossa verdadeira consciência de quem realmente somos, que não é um corpo nem uma coisa!

Talvez isso soe um pouco assustador, mas como tantos sábios e santos antigos nos lembraram, estas são as últimas portas para a libertação definitiva, a liberdade definitiva de... toda necessidade! Por trás dessas portas, dizem, nossa felicidade, nossa suprema felicidade, nos espera. E, então, você já não precisa dela! Você é ela!

QUESTÃO

Qual das necessidades acima você costuma gastar mais tempo e energia perseguindo?

REFLEXÃO

Se, na verdade, você não é quem "acredita" ser, quais são todas as diferentes identidades que você aprendeu a criar para o seu eu que são apenas "ilusões" acerca dele?

AÇÃO

Experimente um dia nesta semana (ou a semana inteira) de "consciência das necessidades", ou seja, observe conscientemente todas as situações e relacionamentos nos quais você acredita que tem de obter algo tangível ou intangível dos outros para atender às suas "aparentes" necessidades.

O QUE É SUCESSO PARA VOCÊ?

A maioria de nós aprende que sucesso é sinônimo de uma forma qualquer de realização no mundo. Para muitos, não é a conquista, mas o reconhecimento e o aplauso o que eles anseiam. Para outros, não é a chegada, mas a viagem que gera a satisfação do sucesso. Eles valorizam o processo mais do que o prêmio. Para alguns, a busca do sucesso será evitada a todo custo, às vezes por medo do fracasso, e às vezes pelo medo do... sucesso! E, para uns poucos, viver de modo simples e sincero cada dia é o que constitui ser muito bem-sucedido!

"Assim, aprendemos a falar a linguagem comum de 'não ter o suficiente' ou de 'falta'."

Em algum momento na vida de todos nós há uma boa chance de parar e considerar a pergunta: "O que o sucesso significa para mim?" Mesmo que seja por apenas alguns fugazes minutos! No entanto, se não contemplarmos esta questão com profundidade, é provável que sigamos cegamente as ideias, crenças e medidas de sucesso dos outros, geralmente aprendidas na infância, desejadas na juventude e depois perseguidas em nossos anos de adultos.

Podemos não notar a conexão entre nossas insatisfações e a ausência de uma ideia conscientemente definida e escolhida do que venha a ser uma "vida bem-sucedida". É a clareza de uma visão interior sobre o sucesso e a sabedoria acerca dele que dão foco às nossas energias. Isso também aumenta a sensação de que estamos criando uma vida significativa.

Então, qual é o preço do sucesso? É batendo nessa tecla que muitos dos "gurus do sucesso" hoje em dia começam e terminam. Isso significa o quanto você está preparado para sacrificar, a fim de alcançar o sucesso que deseja. O quanto você está preparado para trabalhar duro? O que você está disposto a fazer para chegar lá? Perguntas interessantes, mas elas, de fato, fazem tudo parecer um trabalho duro!

Como VOCÊ define sucesso? É simplesmente a conclusão da próxima tarefa, outro trabalho bem-feito, uma promessa mantida, passar num exame, uma medalha ganha, uma montanha escalada, um alvo atingido, uma família feliz criada ou deixar um legado que garanta que você será lembrado muito tempo depois de partir? Seja lá como for que você "acredita" que seja o sucesso, ele terá uma influência profunda em sua vida. Se você fosse seguir a mentalidade predominante no mundo de hoje, então o sucesso seria provavelmente medido pelo consumo. Quanto mais você tiver, mais bem-sucedido os outros o julgarão.

Mais e mais alto

Quando herdamos e absorvemos as "crenças" predominantes de que o mundo é um lugar de escassez, que o propósito da vida é a sobrevivência, que devemos acumular coisas para prosperar e que quanto mais você tiver, mais feliz você se sentirá, então o sucesso será sinônimo de "mais". Mais pode ser quase qualquer quantidade: de objetos, dinheiro, propriedades, troféus, celebridade, fama, fãs, "curtidas"! E no contexto "posição", sucesso significa simplesmente "mais elevada".

Quando somos ensinados a acreditar que não temos o suficiente, a mídia deleita-se em nos manter a par das coisas que estão nos faltando. Se não houver nenhuma óbvia, ela provavelmente irá inventá-la para nós! Assim, aprendemos a falar a linguagem comum de "não ter o suficiente" ou de "falta". Nós então lutamos e nos esforçamos para obter o que consideramos ser nossa legítima fatia da "grande torta", antes que outra pessoa a coma, e "mais" não só é bom, como também é aplaudido quando alcançado. Assim sendo, para muitos, se não a maioria, "mais" é simplesmente sinônimo de sucesso.

Então, o que significa para você ser bem-sucedido? Em que nível, em que contexto e por quais padrões você mede seu sucesso?

É imaterial!

Se você dedicasse algum tempo para refletir sobre esta questão, provavelmente iria chegar à percepção bastante óbvia de que, no nível mais profundo, o sucesso na vida não é uma coisa material, não é algo que possa ser possuído, ganho ou mesmo atraído! É um estado de ser. Alguns chamam isso de contentamento, felicidade, ou mesmo paz. Por que, afinal, alguém quer "mais" de qualquer coisa? Porque acredita que tais estados interiores irão resultar desse acúmulo. Esses sentimentos são, para alguns, os mais profundos e mais significativos "sintomas do sucesso", mas somente quando esses estados de ser são internamente estáveis e consistentes e, portanto, não dependem de nada exterior. Em outras palavras, não dependem de "mais" coisas!

Entretanto, o sucesso para a maioria de nós costuma ser "específico ao contexto". À medida que consideramos o contexto, começamos a ver por que o tipo de sucesso que fomos incentivados a perseguir tem muitos "níveis" e mais do que algumas falhas.

"Não é antinatural ser fechado e estreito a qualquer momento e em qualquer área da vida?"

O contexto do sucesso ESPORTIVO: este contexto é obviamente sobre competir e ganhar. É sobre ser o número um e tornar-se reconhecido e glorificado pelos outros como aquele que levou o prêmio. Quantas vezes somos recordados de que ninguém se lembra do vice-campeão? Mas poucos parecem se perguntar: Qual a razão de querer ser lembrado? Será que o desejo de "não ser esquecido" deveria ter um "sinal de perigo" pendurado em torno de si dizendo: "ego em ação"?

Observe quanto sofrimento físico e emocional é necessário para atingir os picos esportivos. Raramente vemos desportistas relaxados e contentes, já que levam a sua luta e seu esforço muito a sério. Eles vão dizer que vale a pena. Outros diriam que a vida não é para ser levada com dor, tensão e lesões, infligidas a nós por nós mesmos!

Os esportes originalmente não eram baseados em jogos nos quais se dava vazão à "alegria de brincar" pelo prazer de brincar? Um momento em que rostos sorriam a valer e frustração, tensão e raiva eram impossíveis.

O contexto do sucesso nos NEGÓCIOS: parece variar entre a construção de um grande negócio, tornar-se altamente lucrativo e ser reconhecido pela excelência dos serviços. Às vezes, todos os três parâmetros são perseguidos, mas a menos que sejam priorizados há o perigo de que nenhum deles seja alcançado, deixando muitas pessoas estressadas em seu rastro. E se o lucro é priorizado sobre o serviço, é bastante óbvio que a energia por trás da empresa se tornará baseada no medo e, portanto, em uma empreitada muito infeliz. O que pode explicar por que muitos empresários conhecem o estresse intimamente. Os negócios são... um negócio sério! E, quando o "propósito de servir" é perdido e o que passa a dar as cartas é a obtenção de lucro, é geralmente aí que a necessidade se transforma em ganância e tal efeito se propaga como onda, atingindo muitos em proporção geométrica. Daí a turbulência financeira global que vemos hoje.

"Os negócios são... um negócio sério! O que pode explicar por que muitos empresários conhecem o estresse intimamente."

O contexto do sucesso ACADÊMICO: façanhas intelectuais costumam ser a forma como esse tipo de sucesso é medido e alcançado, junto com uma boa memória, naturalmente! Muitas vezes depende de se conquistar a aprovação dos pares e é impulsionado pelo desejo de entrar para um clube seleto. Pode facilmente resultar em uma atitude de "eu sei mais e melhor" e uma mentalidade fechada e bitolada que costuma caracterizar o chamado "especialista" e o "*expert* acadêmico". Não é antinatural e, portanto, desconfortável ser fechado e bitolado em qualquer momento e em qualquer área da vida? A menos que você seja um cano d'água!

O contexto do sucesso CIENTÍFICO: novas teorias, novos aspectos de velhas teorias, invenções de novas tecnologias, a criação de novos procedimentos, novas descobertas, tudo isso carrega a "*kitemark* do sucesso" no campo científico. No entanto, costuma ser tudo muito material e "lá fora", o que tende a negar a outra dimensão que chamamos de espírito e o "aqui dentro". As conquistas científicas certamente dominam o nosso mundo hoje, mas "a que preço?" nos perguntamos agora, enquanto vivemos vidas cada vez mais isoladas e tecnologicamente dependentes, enquanto drenamos a riqueza natural do planeta!

O contexto do sucesso POLÍTICO: costuma ser medido pela conquista de posição e poder, embora muito "blá-blá-blá" seja dedicado à noção de serviço público. E muito embora as intenções de desenvolvimento da sociedade sejam autênticas e dignas, agora sabemos que o sucesso nesse campo é frágil, pode ser facilmente corrompido e motivos mais obscuros podem ser encontrados por trás do desejo de servir aos outros. Como cada vez mais pessoas se rebelam contra forças políticas ditatoriais que tradicionalmente controlam nosso destino, como cada vez mais pessoas exigem uma maior participação no próprio destino, vemos agora o caos moral e ético que é gerado quando nós/eles percebemos e exercemos novas liberdades.

O contexto do sucesso RELIGIOSO: antigamente, a orientação pastoral de uma comunidade fornecia a medida primária do sucesso de uma religião. Mas a religião também se tornou turva e sobrecarregada por suas próprias estruturas e sistemas. A política interna e os jogos de poder – para não mencionar a adesão fanática a sistemas de crenças e comportamentos que foram inventados há centenas de anos; portanto, em outros tempos e em um contexto completamente diferente – asseguram que o significado do sucesso em um contexto religioso é cada vez mais confuso.

O contexto do sucesso espiritual: é um estado de ser, às vezes chamado de iluminação. Mas é alcançado ou restaurado? Ou ambos? Talvez, sua diferença fundamental em relação aos outros "níveis de sucesso" seja que não é possível saber se alguém chegou a um tal sucesso intangível e interior, a menos que se conviva com ele por algum tempo. Mesmo assim, sua simplicidade e humildade provavelmente desviariam a atenção de si mesmo. Essa forma de sucesso incógnito ainda poderia ser classificada como... sucesso?

Isso não quer dizer que não vale a pena perseguir o sucesso em quaisquer das áreas anteriores. Enquanto você está definindo sua mentalidade a respeito do sucesso, é válido considerarmos como ele é visto, definido e alcançado em cada contexto.

Sucesso interior

A ideia de sucesso assume um novo significado quando a exploramos no contexto de nossa vida interior. Nesse contexto, o sucesso pessoal é o domínio da própria capacidade de se manter calmo e focado, não reativo e proativo, especialmente em situações ameaçadoras. Quando você começa a desenvolver suas capacidades e atributos interiores de autodomínio, então todos os outros níveis de sucesso anteriormente destacados tornam-se mais fáceis de ser alcançados e, ainda assim, paradoxalmente, menos relevantes e/ou muito menos significativos.

Aqui estão algumas das características do autodomínio, que sinalizam seu sucesso em um nível mais profundo do que o material.

O sucesso interior se parece e é sentido mais como a capacidade de:

- Agir com total honestidade e integridade, gerando assim uma consciência clara, sem a qual a felicidade autêntica que chamamos de "contentamento" é impossível.
- Permanecer pacífico e estável quando todos ao seu redor estiverem em crise ou caos.

• Valorizar o que você é, mais do que aquilo que você tem.
• Ser capaz de relevar as fraquezas/erros dos outros e se concentrar em sua inerente bondade/qualidades.
• Ser capaz de deixar o passado para trás e, portanto, não permitir que ele nuble o seu julgamento no presente.
• Dar sem o desejo de receber algo em troca.

Observe como essas medidas são intangíveis. Ninguém mais pode medir a eficácia de cada uma ou o seu sucesso em implementá-las, a não ser o seu próprio eu. Observe como raramente nos perguntamos por que não conseguimos alcançar e manter esses estados interiores de ser e o tipo de comportamento iluminado que provavelmente todos desejaríamos o tempo todo. A menos que "possamos fazer e ser" tudo isso, é improvável que consigamos atingir a medida mais profunda de sucesso, que é estar contente em nosso eu e ser capazes de "dar o melhor de nós aos outros, incondicionalmente".

"O sucesso mais profundo é percebido como a habilidade de ser o perfeito mestre de sua consciência ao interagir com os outros."

Enquanto desejarmos mudar o mundo, e isso inclui os outros, significa que ainda estamos tentando "policiar o universo". A alma iluminada, no entanto, percebeu que isso não é "meu trabalho". Ela sabe que a luz e a força que emana de um estado estável de ser, um estado de ser satisfeito, de uma intenção de dar, é um dos dons mais influentes para os outros e para o mundo.

O sucesso é pessoal

Enquanto você reflete e contempla o que é o sucesso para si, talvez seja útil incluir três considerações-chave:

1) Qualquer sucesso que dependa do reconhecimento público e da aclamação levará inevitavelmente à insegurança e à eventual depressão, assim como todas as formas de dependência.

2) Quando o sucesso é definido por um produto final, um resultado ou alguma realização, então a vida costuma ser uma luta e esforço contínuos para "chegar lá". Nossa felicidade é continuamente adiada. Em outras palavras, não é um passeio divertido!

3) Se o sucesso é definido pela aquisição ou acumulação de qualquer coisa, então o medo estará sempre à espreita no fundo. Medo do fracasso, que é o mesmo que medo da perda. O estresse será seu companheiro.

Não importa a forma como você olha para ele, o sucesso é uma questão pessoal. Tal como outros aspectos de como construir uma vida feliz e realizada, o sucesso costuma ser envolto em muitas ilusões e delírios, dependendo de nossa criação. Sua conquista agora é defendida por centenas de gurus e treinadores do sucesso, mentores e instrutores, todos esperando nos bastidores para nos aconselhar e orientar. Muitos prometendo uma "fórmula mágica", que pode variar de segredos de atração até a força da fé em si mesmo, da ética do trabalho duro até o desenvolvimento de seu gênio criativo, de como "liberar" o seu potencial para invocar os anjos do sucesso até guiar toda a sua vida!

Mas antes de ouvirmos alguém (inclusive este texto), provavelmente vale a pena encontrar uma árvore, em uma colina tranquila e ensolarada, ao lado de um prado verdejante, às margens de um rio sinuoso, para sentar e refletir calmamente sobre o que apenas o seu próprio coração pode lhe dizer em resposta à pergunta: "O que o sucesso significa de fato para mim"?

Naturalmente, isso gerará muitas outras perguntas. Como: Qual é o propósito da minha vida? O que eu valorizo? Mas não dizem por aí que, quando se trata dessa viagem única e especial chamada vida, chega um momento em que fazer as "perguntas certas" é muito mais importante do que ter as respostas certas?

QUESTÃO

O que significa sucesso para você?

REFLEXÃO

Por que você acha que a sua definição de sucesso pode ser difícil de alcançar?

AÇÃO

Inicie uma conversa em algum momento desta semana com amigos, familiares ou colegas, e pergunte-lhes o que significa sucesso para eles.

VOCÊ SOFRE DA DOENÇA CHAMADA ESPERANÇA?

Era uma vez um ursinho que vivia na floresta. Um dia, enquanto estava brincando, ele encontrou dois texugos. Ele queria brincar com os texugos, mas eles não queriam brincar com ele. Queriam brigar. E foi o que fizeram. Eles intimidaram o ursinho todos os dias por uma semana. Então, um dia, os texugos pararam de vir. O bebê urso nunca mais viu outro texugo pelo resto de sua vida.

Aquele ursinho cresceu e acabou tendo o seu próprio filhote ursinho. E a primeira coisa que ele ensinou a seu ursinho bebê foi como os texugos eram maus, perversos e violentos. O ursinho bebê aprendeu a temer os texugos e esperou jamais encontrar um. Mesmo o papai urso, lembrando-se de suas lutas com os texugos quando era pequeno, dizia: "Espero que você nunca encontre um texugo, aqueles canalhas, aquelas criaturas horríveis, jamais as esquecerei".

Durante anos, quando o bebê urso já crescido percorria a floresta, pelo menos uma vez por dia, ele pensava: "Espero que eu jamais encontre um texugo, espero não encontrar um texugo hoje!" E quanto mais ele "pensava esperançosamente", mais continuava a temer os texugos. Então, num fatídico dia, ele encontrou três texugos. Eles saíram de repente dos arbustos, rindo e brincando um com o outro. O urso parou de chofre, paralisado pela visão dos animais. Seu único pensamento foi: "Oh, não, TEXUGOS!" No instante em que os texugos viram o urso eles pararam de rir imediatamente. Eles também ficaram absolutamente imóveis, como se estivessem paralisados. Então, uivando de medo, eles correram de volta para os arbustos.

O urso ficou surpreso com aquilo. Mas só levou alguns momentos para perceber a razão. Na verdade, ele era cinco vezes maior do que os texugos. Ele era um gigante aos olhos deles. Daquele dia em diante, ele nunca mais temeu texugos. Nunca mais "esperou" não encontrar um texugo.

Moral da história? Viver na esperança é viver com medo. Esperança, muitas vezes, é apenas uma tentativa de colocar a preocupação sob uma ótica positiva! Um oxímoro dos bons!

Vivendo na esperança

ESPERAR que algo aconteça é também uma ótima maneira de evitar tomar uma atitude para "fazer" as coisas acontecerem. Personalidades que se destacam nos esportes, nos negócios, em suas carreiras, pais e mães de família, não ficam sentados por aí apenas esperando que o melhor aconteça; eles se levantam e criam o melhor. Eles fazem o melhor acontecer porque sabem que podem. Esta é provavelmente a frase-chave: *sabem que podem*. Seria por essa razão que muitos decidem que a esperança é suficiente? Eles vivem na esperança, porque ainda não SABEM que podem? Na melhor das hipóteses, aprenderam e se habituaram a duvidar de si mesmos, e, na pior das hipóteses, aprenderam a acreditar que não podem!

"A esperança me diz que um dia eu POSSO ser capaz, mas enquanto 'vivermos na esperança' é improvável que esse dia chegue."

O urso tinha aprendido a acreditar que os texugos eram maiores e mais fortes, de modo que a base de sua esperança era a ignorância, e a ignorância gera medo. Assim que ele percebeu que ele era muito maior, mais forte, mais poderoso, então a esperança tornou-se irrelevante. Porque a ignorância dos ursos foi dissipada.

A esperança me diz que um dia eu POSSO ser capaz, mas enquanto "vivermos na esperança" é improvável que esse dia chegue. E se isso acontecer, é provável que seja tarde demais! Em algum lugar entre os dois extremos estão aqueles que não têm certeza se podem, mas não estão preparados para assumir o risco (medo), tanto de descobrir se podem como de começar a aprender como se tornarem capazes. Talvez todos nós já tenhamos passado por isso algum dia.

Esperar por algo melhor do que agora!

Por que vivemos na esperança? Por que pensamos e dizemos que temos grandes esperanças? Por que esperamos um futuro melhor? Porque não gostamos da maneira que as pessoas são e/ou da maneira como as circunstâncias estão, agora. Temos medo de que o jeito como as pessoas/circunstâncias são agora possa continuar. Estamos em um "estado de resistência" às circunstâncias em que nos encontramos hoje. Então, esperamos um amanhã melhor. Mas a esperança nos torna preguiçosos. É mais fácil esperar do que realmente fazer algo agora que pode criar o amanhã que dizemos que queremos. Assim, a esperança torna-se uma zona de conforto na qual é fácil nos acomodarmos. Somente nossas próprias ações podem criar uma saída, um caminho além da esperança, um caminho além do efeito paralisante do medo que sempre está por trás da esperança.

Ou isso ou podemos aprender a simplesmente aceitar a maneira como as coisas estão agora, não como rendição impotente, mas a partir da sabedoria que nos lembra que a aceitação do jeito como as coisas estão no presente é o "primeiro passo" para invocar e influenciar a mudança para e no futuro. Caso contrário, apenas gastamos tempo e energia em resistência ao "agora"!

Esperar que algo ruim não aconteça no futuro

Também conhecido como preocupação, que é simplesmente o medo de perder algo no futuro com o qual nos sentimos confortáveis (isto é, apegados) agora. Criamos um futuro imaginário no qual esse conforto se perde. Para esse processo mental temos uma abundância de matéria-prima, a partir da qual podemos moldar ideias e imagens de nossas catástrofes imaginadas, assustando assim o nosso eu em uma paralisia que impede a ação. Grande parte desse material vem de nossas indústrias de notícias e entretenimento. Elas estão sempre à mão para nos alimentar com os últimos acontecimentos funestos e uma visão pessimista.

Esperar que nós acabaremos conseguindo o que queremos... um dia!

Assim como esperar que algo ruim não aconteça é, na verdade, medo disfarçado de esperança, esperar obter exatamente o que queremos é geralmente desejo mascarado de esperança. No entanto, não é fácil ver que todo desejo é apenas uma forma de atrasarmos a nossa felicidade! Isso decorre da crença de que só quando conseguimos o que queremos é que podemos ser verdadeiramente felizes. Esperar significa que, na melhor das hipóteses, estamos vivendo para amanhã no hoje, o que não é realmente viver, é mais como evitar a vida. Na pior das hipóteses, estamos tentando viver no futuro, o que é loucura, porque é impossível.

Então, será que há momentos na vida em que a esperança tem um lugar, um valor? Há momentos em que a esperança aumenta a força? Às vezes, ouvimos ou lemos histórias da vida real de pessoas encurraladas em situações impossíveis e aparentemente desesperadoras. Talvez esperando pelo resgate no mar ou em uma montanha. Nesses casos, costumam dizer: "Foi a esperança que nos manteve vivos". Mas em tais situações, a esperança é geralmente aquele pensamento absolutamente final que surge depois que todas as outras possibilidades de fuga ou sobrevivência se esgotaram. Ela afasta momentaneamente sentimentos de desamparo.

Isso nos lembra de perguntar a nós mesmos, sempre que nos pegarmos dizendo ou mesmo pensando "Eu espero...": Esgotamos de fato todas as formas possíveis para avançar? Exploramos todas as perspectivas e percepções possíveis que podem nos permitir encontrar um significado diferente, talvez acender a centelha da criatividade e agitar dentro de nós a inspiração para tomar novas atitudes?

Grandes esperanças em você

Também há aqueles momentos em que dizemos ao outro: "Tenho grandes esperanças em você". Isso soa altamente positivo e, ainda assim, quando decodificado, em geral significa altas expectativas, que na maioria das vezes significa desejo. Testemunhamos isso todos os anos no terreno dos esportes, quando temos "grandes esperanças" coletivas projetadas em nossos heróis atletas, e quando eles não correspondem às nossas esperanças acabamos sofrendo emocionalmente. Nossas esperanças são frustradas pelo fracasso deles, o que significa que estamos vivendo indiretamente e mais uma vez ausentes de nossa própria vida!

Desistir

Desamparo é o sentimento que surge da crença de que a situação não vai ficar melhor. É mais do que provável que vá ficar muito pior e não há nada que possamos fazer para mudar isso. "Não adianta", é o que muitas vezes pensamos, sentimos e dizemos quando já não sabemos mais o que fazer. É o momento em que decidimos "desistir" de nós mesmos, do outro ou da situação.

"Liberar a si mesmo dos sentimentos de desesperança é libertar-se de nossa dependência dos outros ou do mundo pelo nosso senso de bem-estar."

Às vezes, esses pensamentos e sentimentos são totalmente apropriados. Eles não são um sinal de uma espiral descendente, mas uma libertação do que não tem jeito e uma aceitação da realidade da situação. Isso acontece normalmente quando desistir significa na verdade "deixar pra lá" em relação a um aspecto da situação ou relacionamento, por exemplo: "Era impossível; então, desisti de tentar convencê-los ou levá-los a fazer o que eu queria"; ou "Era um esforço fadado ao insucesso; por isso, deixei de lado a ideia de fazer um milhão até o final do próximo mês".

Em tais contextos, embora possa haver um sentimento de perda, ele é superado por uma sensação de liberdade de uma pressão autoimposta e uma espécie de esperança impotente!

Nas profundezas da desesperança

Mas muitas pessoas experimentam uma profunda e misteriosa desesperança, não em situações específicas, mas simplesmente em relação à existência e à vida em geral. Esse pode ser um dos principais sintomas da depressão. Em tais casos, os sinais são uma ausência de bem-estar, uma sensação de peso acompanhada por uma completa falta de entusiasmo para qualquer coisa. Descrito por muitos como "olhar para um abismo escuro", é como se houvesse um enorme vazio na alma.

No entanto, como todas as formas de sofrimento, é um sinal de que algo precisa mudar; não dentro do mundo, mas dentro de si mesmo. E esse algo tem "sempre" a ver com autoconsciência ou autocompreensão. Liberar a si mesmo dos sentimentos profundos de desesperança é libertar-se de nossa dependência dos outros ou do mundo pelo nosso senso de bem-estar.

Sentir-se bem começa não com outros comportamentos, ou com nosso corpo, mas com a nossa mente e coração. Não o coração do corpo, mas o coração de nosso ser. Sentimentos de desesperança surgem porque perdemos de vista a força criativa ilimitada que temos e que somos... por dentro. Ficamos ignorantes da beleza extraordinária que temos e que somos... por dentro. Perdemos a consciência de que somos os mestres do nosso próprio destino.

Ser maior

Assim, o oposto da desesperança, ou a cura para a desesperança, não é a esperança, mas a percepção de que somos espíritos livres, presos a nada e a ninguém, dependentes de nada e de ninguém; de que não só somos capazes de criar nosso próprio destino, como, na verdade, é o que estamos aqui para fazer. No momento em que começamos a traduzir essa percepção em ação, a desesperança começa a desaparecer e a esperança é conhecida pelo que é, uma falsa sensação de força.

A cura definitiva para a desesperança é a percepção de que nada pode nos oprimir. Não há nada com que não possamos lidar e enfrentar, nada que não possamos fazer se estivermos preparados para aprender ou mesmo simplesmente tentar. É a percepção de que nós não somos o ursinho bebê (pequeno e oprimido), mas o urso crescido que é muito maior do que todos os texugos na floresta. Somos todos maiores do que qualquer situação ou circunstância que temos de enfrentar. Daí a antiga sabedoria do ditado: "A vida nunca lhe pedirá para enfrentar qualquer coisa com que você não tenha a capacidade de lidar". Só que, às vezes, a nossa capacidade ainda não foi percebida e a vida nos lança a oportunidade de descobrir isso.

Assim, a esperança e a desesperança são, ambas, doenças da consciência. Elas são sintomas de uma doença subjacente mais profunda, conhecida como ignorância, uma ignorância do nosso eu e da nossa capacidade inata de viver a vida de forma tranquila, criativa e alegre. São sinais de que estamos vivendo em um "estado de não percepção", ou seja, não sabemos quão poderosos somos... ainda!

Sentimentos de esperança e desesperança nos dizem: "É hora de se tornar mais consciente de si". Desperte para a sua capacidade, sua força, sua habilidade de lidar com qualquer coisa que a vida possa lançar a você. Com a orientação de alguém que já conhece o território interior é possível induzir as percepções e o autoconhecimento que restauram a sua força interior aos seus músculos espirituais!

Então, a esperança será reconhecida e usada pelo que é, um alívio temporário da desesperança. E pode ser um trampolim a partir do qual você ganhe impulso para entrar na ação, na vida.

Mas não fique preso, parado no trampolim!

QUESTÃO

O que você espera para si, para os outros e para o mundo?

REFLEXÃO

Por que você espera o que você espera?

AÇÃO

O que você pode FAZER para se livrar da necessidade de ser esperançoso ou de qualquer sentimento de desespero?

EQUILIBRADO OU CENTRADO: QUAL É A DIFERENÇA?

Você sente que está vivendo uma vida equilibrada? Você acredita saber quais são as suas prioridades mais importantes? Seu trabalho está interferindo em sua vida ou sua vida está interferindo em seu trabalho? Durante esta última década, em particular, muito foi dito e escrito, muitos cursos criados e ministrados sobre como alcançar esse ideal, aparentemente esquivo, conhecido como equilíbrio trabalho/vida.

Algumas pessoas acreditam que estão sendo forçadas a trabalhar demais à custa de seus relacionamentos com a família e amigos, enquanto outras conscientemente sacrificam quase todos os seus relacionamentos em favor de trabalho e mais trabalho! Muitas são movidas pela ambição, às vezes como forma de defesa contra a insegurança, às vezes como uma maneira de evitar certos "outros problemas" em sua vida. Mas pode levar meses ou até anos para que percebam que estão se consumindo em busca de algo que elas jamais podem alcançar unicamente por meio da ação, ou seja, autorrealização e uma vida feliz.

E há também aquelas que têm pouca ambição no mundo do trabalho, mas que aprendem a viver com um discreto sentimento de culpa ou uma sensação de inadequação, enquanto se veem cercadas por *workaholics* e viciados em ambição. "Deve haver algo errado comigo", elas pensam. Até que um dia, enquanto testemunham os superatarefados e os viciados em ação sofrerem um esgotamento profissional, elas percebem: "Deve haver algo certo comigo"!

Existem pessoas entre nós para as quais o trabalho é considerado um "mal necessário" a ser tolerado com uma carranca durante um dia de rotina. Conhecidas às vezes como "escravas assalariadas", elas buscam apenas um meio de pagar a hipoteca, encher a geladeira, sustentar a família e dar de comer ao cachorro. Elas veem o "trabalho" como um "segmento" totalmente separado de sua vida. Desistiram de tudo que seja chamado de carreira, se é que alguma vez começaram a ter uma, e apenas "fazem o trabalho", porque sentem que "têm de fazê-lo". Elas viverão quase um terço de sua vida de forma relutante, perguntando-se por que não são tão felizes nos outros dois terços, sem chegar à conclusão de fato de que não se pode ser duas pessoas ao mesmo tempo.

Por último, há aquelas que estão constantemente, freneticamente, quase que obsessivamente, buscando por esse mágico e utópico equilíbrio trabalho/vida. Uma vida na qual o tempo e a energia são distribuídos de forma ordenada e gastos de modo econômico, eficiente e eficaz. Conscientes e sensatas, vez por outra cederão à frustração, incapazes de enfrentar o fato de que a utopia não é um exercício de gestão de tempo, que a vida ideal não é o equilíbrio perfeito de suas prioridades nem a capacidade de atingir um conjunto de metas pontualmente.

Caindo a ficha

E aí existem esses indivíduos muito raros, para os quais a ficha caiu nesse lance de equilibrar vida/trabalho! Eles perceberam que não existe tal coisa. Exibem um sorriso tranquilo quando os outros falam sobre estarem tensos o tempo todo, sobre estarem tão descontroladamente atarefados, sobre a necessidade de priorizar melhor, sobre ficarem exaustos devido a demandas concorrentes, sobre estarem estressados por prazos apertados. Todos esses "sintomas do desequilíbrio" extinguiram-se para aquele que compreendeu que tentar alcançar um equilíbrio entre trabalho e vida não só é inútil, mas também impossível, como todas as tentativas de encontrar o equilíbrio perfeito na vida! Eles sabem o que poucos provavelmente se deram conta: que o equilíbrio é irrelevante quando a pessoa se torna "centrada"!

Tentar ser mais equilibrado é uma receita para a tensão e a ansiedade. Observe o equilibrista caminhar sobre a corda bamba, e você notará duas áreas de tensão: sob seus pés e entre as duas mãos que seguram a longa vara. Assim é na vida. É preciso tentar descobrir quais áreas devem exigir a sua atenção sem tensão, para que outras áreas não sejam negligenciadas, pode ser uma fonte contínua de ansiedade e tensão! Isso normalmente vem acompanhado de pensamentos constantemente irritantes, como: "Eu estou fazendo isso direito?" "Tenho certeza de que estou negligenciando algo ou alguém." "Eu simplesmente não sei se tenho tempo suficiente para atender às demandas de tudo e de todos."

"Eles sabem o que poucos provavelmente se deram conta: o equilíbrio é irrelevante quando a pessoa se torna 'centrada'!"

Então, qual é a diferença entre a "pessoa que busca o equilíbrio" e a "pessoa centrada", para a qual a ideia de equilíbrio tornou-se redundante?

PBE *versus* PC

A pessoa que busca o equilíbrio (PBE) costuma ver sua vida dividida em diferentes segmentos, compartimentando o trabalho, a família, o lazer, a educação, o desenvolvimento pessoal etc. A pessoa centrada (PC) enxerga sua vida como um todo, sem divisões ou compartimentos. A PBE está quase sempre tentando medir e calcular o tempo/atenção que dá a cada segmento para que haja uma "divisão justa e equilibrada". Enquanto que a PC dedica seu tempo e atenção de acordo com as necessidades da situação e das circunstâncias, sabendo que há sempre mudanças e variações e que, no fim, todos e quaisquer extremos voltam-se para o "centro". Ela equilibra as coisas naturalmente.

Sentimentos de culpa

A PBE tenderá a sentir culpa quando começa a pensar que não está dedicando tempo e atenção adequados a alguma área de sua vida ou a determinados relacionamentos. A PC, por outro lado, nunca se sente culpada sobre como gasta o seu tempo, já que ela nunca se vê desperdiçando ou perdendo tempo. Ela sabe que dá "importância" a qualquer coisa ou lugar que decida focar sua atenção.

A pessoa que busca o equilíbrio (PBE) gasta quase tanto tempo se preocupando com o que os outros vão pensar dela se ela não atender às suas necessidades e prioridades. Já a pessoa centrada (PC) jamais se preocupa com o que as outras pessoas pensam sobre como ela usa o seu tempo; isto é, como vive a sua vida! Mesmo que seja julgada pelos outros, ela não se incomoda. É um espírito livre, e sua maneira centrada de ser é inabalável.

Dar ou receber

A diferença fundamental entre uma pessoa que busca o equilíbrio (PBE) e uma pessoa centrada (PC) é a da "intenção". A intenção da PBE é principalmente "obter algo de", ao passo que a intenção das PCs é "dar algo para". Embora a PBE acredite que está dedicando tempo e atenção a cada segmento de sua vida, a motivação é obter algo de cada área. Ela enxerga cada área de sua vida como uma fonte de algo que acredita que tem de "adquirir"; por exemplo, trabalho significa obter dinheiro, família significa obter amor e felicidade, tempo para o lazer significa obter um pouco de relaxamento e prazer, educação significa obter conhecimento.

Por outro lado, a intenção da PC é "dar algo para" porque ela não se enxerga como alguém necessitado. Ela se vê como uma fonte de energia na vida das pessoas e está disponível para dar tudo o que é necessário para quem quer que seja e sempre que possível. E se ela não pode, então não pode e pronto! A "energia" que ela de fato proporciona pode assumir uma de muitas formas como, por exemplo, tempo, atenção, ideias, sabedoria, apoio, cuidado, dinheiro, conselhos etc. A PBE tende a ser rigorosa em qualquer contribuição que faça, enquanto que a PC tende a ser flexível, e tanto é capaz como está disposta a dar o que é necessário.

Expectativa a ser atendida

Isso significa que a PBE tem expectativas dentro de cada área de sua vida e, por conseguinte, ansiedade, receando que essas expectativas não sejam atendidas, e raiva, quando muitas vezes não são cumpridas. Enquanto que a PC não possui expectativas, e, se as tiver, ela permanece centrada, já que a sua felicidade não depende de ter quaisquer expectativas atendidas.

A PBE ainda não percebeu que querer e tomar são precursores do medo e da frustração, e que, portanto, são debilitantes. Já a PC sabe que dar e compartilhar são a base do fortalecimento pessoal e da autorrealização. Não é uma conexão fácil de ser feita quando se está condicionado por uma cultura que incentiva e aplaude uma pessoa a obter o que quer antes que alguém o faça. É a diferença entre essas duas mentalidades que permite que a PC permaneça perfeitamente satisfeita, independente do que esteja acontecendo em qualquer área de sua vida.

"Enquanto 'valores inatos' jamais podem ser perdidos ou roubados, 'valores adquiridos' são passíveis de perda."

Significado da vida

A diferença mais profunda entre a "pessoa que busca o equilíbrio" e a "centrada" gira em torno do significado que atribuem à vida em si. Para a PBE, a vida geralmente será encarada como um fardo, uma corrida de obstáculos, uma batalha a vencer, algo a ser gerenciado e suportado. A PC, por outro lado, é mais propensa a encarar a vida como um dom, como uma oportunidade de ser criativa, de criar em conjunto com os outros, e uma aventura lúdica.

A PBE provavelmente viverá sua vida moldada por um conjunto de valores adquiridos, impostos por outros, em torno de coisas materiais como bens, cargo e segurança financeira. Enquanto a PC viverá de acordo com seus valores inatos "concretos", como amor e carinho, compaixão e alegria. Daí sua capacidade de permanecer estável quando todos os outros estão em caos. Enquanto "valores inatos" jamais podem ser perdidos ou roubados, "valores adquiridos" são passíveis de perda; daí a frequente ansiedade da PBE sobre o que vai acontecer a seguir!

Enquanto a PBE vai buscar por algum tipo de reconhecimento e aprovação para afirmar o seu valor em cada segmento de sua vida, a PC não busca atenção ou aprovação em qualquer área que seja nem de ninguém. Sua autoestima é gerada automaticamente de dentro de seu "centro".

A PBE vive de fora para dentro, enquanto que a PC vive de dentro para fora. E enquanto a PBE está frequentemente procurando ferramentas e técnicas para obter mais equilíbrio em sua vida, a PC sabe que não existem técnicas para viver a partir do centro. Ela sabe que somente o cultivo da autoconsciência e um intelecto claro bastam para fazer as escolhas e tomar decisões que garantam que o tempo e a energia fluam para fora naturalmente "a partir" de seu centro.

Enquanto a PBE pode procurar um *coach* de vida para ajudá-la a encontrar o equilíbrio em seus valores, metas, prioridades e gerenciamento de tempo, a PC sabe que eventualmente ela se tornará sua própria *coach*. Ela percebeu que viver uma vida satisfatória e feliz não é algo que possa ser empurrado goela abaixo, regulado por outros ou pelo mundo; isso tem de vir do coração.

Porque é aí que reside o centro. Não no coração do corpo, mas no coração do ser. E há apenas um *coach* que nos aguarda lá!

QUESTÃO

Por que tantas pessoas sentem que sua vida está fora de equilíbrio?

REFLEXÃO

De acordo com a sua percepção dos atributos de uma pessoa centrada, quais são fortes e quais são fracos dentro de você?

AÇÃO

Separe cinco minutos no final de cada dia durante esta semana, rememore-o e descubra momentos em que você se sentiu fora de equilíbrio e momentos em que você estava centrado.

E PARA ENCERRAR... TEM TEMPO PARA UMA RISADA?

Desmontar alguma coisa, como um relógio ou uma televisão, a fim de descobrir como funciona por dentro, geralmente é um exercício de autofrustração. Assim que são separados nas partes que os compõem, eles param de funcionar! Humor e comédia são mais ou menos assim. Analisar por que rimos acaba com o riso. Tentar separar o que torna a comédia comicamente engraçada mata o humor. Portanto, refletir sobre quais podem ser os ingredientes mágicos que têm o poder de induzir hilaridade é provavelmente um exercício inútil. Mas vamos fazê-lo mesmo assim!

Sabemos hoje, com certeza, que o riso saudável estimula substâncias químicas benéficas – que até mesmo preservam a vida – em nosso corpo. Os efeitos a curto prazo podem ser incríveis; a tensão se dissipa, a apreensão é banida, nossa capacidade de pensar positivamente é aumentada, e o contentamento é restaurado. A longo prazo, existem casos reais que demonstram por que é necessário dar bastante risada, daquelas de fazer "a barriga doer", todos os dias. O hoje famoso Patch Adams ficou conhecido por seu trabalho com crianças doentes, reconhecendo o riso delas como um componente essencial para a recuperação de sua saúde. Ele chegava a "ficar de cama" literalmente junto com os cronicamente deprimidos e os ensinava a rir. E teve o caso de Norman Cousins, diagnosticado com uma doença incurável, que descobriu que o efeito anestésico de dez minutos de riso anulava sua dor por duas horas. Ele pediu para ter alta do hospital e alugou um quarto de hotel onde, por duas semanas, riu de vídeos de comédia o dia inteiro. Curando-se no fim das contas, ele passou o resto de sua vida ensinando os benefícios medicinais do riso.

Clubes de riso

Alguns cientistas têm andado ocupados estudando alegria e hilaridade já há algum tempo! De acordo com publicações científicas das últimas décadas, a eficácia de uma boa risada é incontestável, uma vez que reduz o nível de cortisol e aumenta o de endorfinas – os opiáceos naturais em nosso organismo que nos deixam felizes. O riso alivia a tensão muscular, aumenta a contagem de células T, auxilia na ventilação, eleva o fluxo de oxigênio e nutrientes para os tecidos e também o nível das "catecolaminas", que aumentam o estado de alerta mental e reduzem a taxa de degradação celular.

"Existem casos reais que demonstram por que é necessário dar bastante risada, daquelas de fazer 'a barriga doer', todos os dias."

O riso também pode mudar nossa percepção, permitindo-nos enxergar os problemas sob uma ótica completamente diferente. Então, não é surpresa alguma que existam clubes de riso em todo o mundo, em que as pessoas iniciam seu dia com 45 minutos de riso em grupo. Aparentemente, os participantes começam com simples haha... hihi... hoho (tente dizer isso em voz alta agora!) e, a partir daí, vão aumentando até atingir uma contagiante e coletiva onda de alegria contínua e sonora!

Um dos papéis mais duradouros dentro de toda sociedade é o de comediante. A evolução do bobo da corte fazendo graça para uns poucos privilegiados até a apresentação cômica a milhares de pessoas em palcos iluminados por holofotes ao redor do mundo significa que o comediante moderno tem o poder de lotar auditórios e ter uma plateia, tanto de pé como a seus pés. Sua habilidade em induzir ataques de riso, especialmente em torno de tópicos considerados "sombrios", em salas sombrias, no que podem parecer tempos sombrios, é um talento altamente estimado.

Apesar de haver canais de comédia no ar 24 horas por dia na TV, muitos de nós ainda assim estariam dispostos a pagar "os olhos da cara" por esse tipo de entretenimento, que se assemelharia a uma terapia em massa. Isso porque o papel do comediante é remover temporariamente nossas ansiedades. Eles são agentes de libertação e relaxamento. Eles puncionam a tensão de nossas pretensões, proporcionando uma lufada de ar fresco em nossa consciência. Eles conseguem estimular nosso riso, mesmo que não queiramos. O espírito cômico quebra as barreiras internas, atuando contra as forças da seriedade, minando nossa resistência ao prazer.

Tipos de risos

Mas nossas risadas na vida nem sempre têm uma origem positiva. Há inclusive um lado sombrio do humor, perversões de prazer que não são totalmente saudáveis. Uma lista de razões modernas para ser alegre revela muitas formas diferentes de riso. Há o riso de *crueldade*, quando comemoramos o sofrimento do outro. Há o riso de *escárnio,* quando zombamos do fracasso ou da inadequação do outro. Há o riso de *regozijo*, uma espécie de excitação infantil e exacerbada. Há o riso de *nervosismo*, quando tentamos disfarçar nossos medos. Há o riso de *alívio*, quando cessa uma tensão ou uma dor profundamente sentida. Há o riso de *bravata*, quando comemoramos nossa coragem de quebrar alguma regra ou tabu cultural. Há o riso da *consciência de si mesmo*, quando tentamos disfarçar nosso desconforto ao sermos o foco da atenção. E há o riso de *manipulação*, quando nos obrigamos a rir do humor do outro, a fim de preservar sua aprovação e, quem sabe, obter mais benefícios.

Riso involuntário

Embora essas formas de riso possam não ser as melhores razões para hilaridade, elas servem para confirmar a pureza e o valor inestimável da graça genuína. E se por um lado o humor parece tornar-se cada vez mais improvisado, por outro, uma piada bem-ensaiada, que parte de uma premissa até o clímax, continua sendo o gênero que reina supremo no "mundo da comédia"! Piadas, assim como os mitos, servem a um propósito na sociedade. Contar uma, especialmente a um grupo de pessoas, é assumir uma importante responsabilidade – tornar-se um contador de histórias –, rompendo inibições e unindo toda uma plateia por meio de uma resposta involuntária e compartilhada. Nós não apenas rimos sinceramente, de coração, como também podemos perceber que o papel oculto do comediante é unir mil corações com o humor. Enquanto estamos rindo junto com outros, olhamos ao redor e, por uma fração de segundo, os corações de desconhecidos se fundem. Por um instante, somos um só, unidos pela alegria e pelo fabricante de alegria.

"Aparentemente, os participantes começam com simples haha... hihi... hoho (tente dizer isso em voz alta agora!) e, a partir daí, vão aumentando até atingir uma contagiante e coletiva onda de alegria contínua e sonora!"

Isso nos lembra o que alguns veem como o verdadeiro significado da palavra "humor"? "Hu" é um antigo cântico a Deus, enquanto que "mor" está conectado de alguma forma a "*amour*" ou amor. Assim, o humor puro é semelhante a uma energia divina que faz o que o amor puro faz: cria unidade e harmonia, tanto dentro de nós como entre nós. Talvez o mais próximo que podemos chegar do riso puro, do humor puro, é a alegria inocente da criança que ainda não aprendeu a acreditar que o mundo pode ser um lugar seriamente perigoso. Em um mundo onde podemos facilmente encontrar mil motivos para sermos infelizes, talvez o verdadeiro comediante que todos nós precisamos descobrir é o nosso "comediante interior".

A capacidade de rir de si mesmo não é, para algumas pessoas, uma coisa fácil de fazer. Enquanto as crianças saem logo rindo delas próprias, os

"Apesar de haver canais de comédia no ar 24 horas por dia na TV, muitos de nós ainda assim estariam dispostos a pagar 'os olhos da cara' por esse tipo de entretenimento, que se assemelharia a uma terapia em massa."

adultos costumam ter a noção de que tirar sarro de si mesmo pode ser visto como algo que irá prejudicar o seu compromisso com a responsabilidade de "gente grande". Na verdade, ser incapaz de rir de nós mesmos pode indicar que temos dificuldade de reconhecer nossas próprias fraquezas. Ficamos então suscetíveis à arrogância, ao orgulho, à vaidade a e coisas dessa natureza.

Talvez seja por isso que uma particular definição de comédia pareça tão verdadeira. Costuma-se dizer que "comédia é tragédia mais tempo". O que parece correto, pois a nossa capacidade de rir de nós mesmos exige um lapso de tempo no qual podemos refletir sobre um erro absurdo ou uma ação desajeitada que, na época, estava longe de ser engraçada.

Uma coisa é certa: cada indivíduo tem uma concepção diferente do que vem a ser engraçado. O que é divertido para uma pessoa pode ser simplesmente bizarro para outra. Em algumas culturas, o pastelão é o maior motivo de graça; em outras, não passa de algo batido. Para certos povos com um rígido condicionamento nacional ou cultural, o simples fato de estar vivo é algo tão sério que o riso é visto quase como tratar a vida com desprezo. Outras comunidades, talvez mais esclarecidas, enxergam a própria vida como uma comédia divina, uma piada cósmica e, se você quiser levá-la a sério, faça-o por sua conta e risco!

No entanto, parece que o divertimento principal de quase todas as culturas continua sendo a "piada", apresentada na forma de uma história muito curta envolvendo personagens com os quais podemos, de certa forma, por mais tênue que seja, nos identificar.

A piada favorita do mundo

Algum tempo atrás, o The Laugh Lab procurou descobrir qual é a piada favorita do mundo. Portanto, pensando no bem de sua saúde e para lhe dar a oportunidade de compartilhar o dom do SEU riso com quem quer que você esteja dividindo o espaço neste momento, enquanto lê isto, eis aqui a piada que obteve o maior número de votos.

Sherlock Holmes e o Dr. Watson estavam em uma viagem de acampamento. Eles armaram a barraca sob as estrelas e foram dormir. No meio da noite Holmes acordou Watson e disse-lhe: "Watson, olhe para as estrelas, e me diga o que você vê". Watson respondeu: "Eu vejo milhões e milhões de estrelas". Holmes então perguntou: "E o que você deduz disso?"
Watson respondeu: "Bem, se existem milhões de estrelas, e se mesmo poucas delas tiverem planetas orbitando-as, é bem provável que existam alguns planetas como a Terra por aí. E se há alguns planetas como a Terra por aí, pode ser também que haja vida neles". E Holmes disse: "Watson, seu tolo, isso significa que alguém roubou nossa barraca".

Devo confessar que, embora eu tenha rido com essa, a piada que eu achei mais engraçada foi a seguinte. É o tipo de graça que pode ser chamada de "piada idiota".

Um alsaciano foi até uma agência de correio, pegou um formulário em branco para telegrama e escreveu: "Au, au, au, au, au, au, au, au, au". O funcionário examinou o papel e disse educadamente ao cão: "Aqui só tem nove palavras. Você pode enviar outro "Au" pelo mesmo preço". "Mas", respondeu o cão, "Isso não faria sentido algum."

O que talvez confirme que, quando o assunto é humor, como se costuma dizer, gosto não se discute!

QUESTÃO

Qual é a coisa que você mais leva a sério na vida e sobre a qual acha muito difícil dar ao menos um sorriso. E por quê?

REFLEXÃO

Como você classificaria o motivo mais comum para o seu riso: comédia, absurdo, crueldade, chacota, nervosismo, alívio, bravata, consciência de si mesmo ou manipulação?

AÇÃO

Durante a próxima semana construa conscientemente um relacionamento diferente, com o seu riso todos os dias.

AGRADECIMENTOS E LINKS

Agradeço a alguns dos centros de retiro mais poderosos e belos onde você pode encontrar o espaço "para ser" e a clareza "para enxergar", durante vários tipos de retiros de fim de semana!
Reino Unido: www.globalretreatcentre.com
Estados Unidos: (Costa Leste) www.peacevillageretreat.org • (Costa Oeste) www.anubhutiretreatcenter.org
Austrália: www.brahmakumaris.orgjaujspiritual-retreats
Itália: www.casasangam.org
Índia: www.omshantiretreat.org; www.shantisarovar.org

Agradeço a **Lucinda** e **Andy** pelo tipo de música que penetra em seu coração e nutre a alma.
www.blissfulmusic.com.br

Agradeço a **Marneta** e à **Relax Kids** por nos mostrar como alcançar os corações das crianças do mundo.
www.relaxkids.com

Agradeço ao **BKs**, onde qualquer pessoa pode receber orientação gratuita sobre meditação e começar qualquer coisa, desde uma simples prática de meditação a uma viagem espiritual pessoal, em seus centros espalhados por mais de 100 países.
www.bkwsu.org

Agradecimentos ao **Ammerdown Retrear Centre**, um oásis de calma e tranquilidade no qual pode-se reunir para um retiro íntimo, como fazemos todo ano, em agosto.
www.ammerdown.org

Minha profunda gratidão à **Cotrugli Business School**, a escola de negócios progressista que serve os Balcãs e torna a aprendizagem e a desaprendizagem divertidas e esclarecedoras.
www.cotrugli.eu

Minha profunda gratidão a todo o trabalho de amigos na **Comic Relief**, que levam tanto nossa doação em dinheiro como nossa compaixão por um mundo de privação e violência, que é o destino de tantas crianças.
www.comicrelief.com

E, por fim, parabéns e obrigado a **Piero Musini** por criar o "Santa Pasta", a nova rainha das massas; a mais saudável, a mais saborosa e elaborada com as mais elevadas energias e da maneira mais orgânica!
www.santapasta.it

EDITORA VOZES

Editorial

CULTURAL

Administração
Antropologia
Biografias
Comunicação
Dinâmicas e Jogos
Ecologia e Meio Ambiente
Educação e Pedagogia
Filosofia
História
Letras e Literatura
Obras de referência
Política
Psicologia
Saúde e Nutrição
Serviço Social e Trabalho
Sociologia

CATEQUÉTICO PASTORAL

Catequese
Geral
Crisma
Primeira Eucaristia

Pastoral
Geral
Sacramental
Familiar
Social
Ensino Religioso Escolar

TEOLÓGICO ESPIRITUAL

Biografias
Devocionários
Espiritualidade e Mística
Espiritualidade Mariana
Franciscanismo
Autoconhecimento
Liturgia
Obras de referência
Sagrada Escritura e Livros Apócrifos

Teologia
Bíblica
Histórica
Prática
Sistemática

VOZES NOBILIS

Uma linha editorial especial, com importantes autores, alto valor agregado e qualidade superior.

REVISTAS

Concilium
Estudos Bíblicos
Grande Sinal
REB (Revista Eclesiástica Brasileira)

VOZES DE BOLSO

Obras clássicas de Ciências Humanas em formato de bolso.

PRODUTOS SAZONAIS

Folhinha do Sagrado Coração de Jesus
Calendário de mesa do Sagrado Coração de Jesus
Agenda do Sagrado Coração de Jesus
Almanaque Santo Antônio
Agendinha
Diário Vozes
Meditações para o dia a dia
Encontro diário com Deus
Guia Litúrgico

CADASTRE-SE
www.vozes.com.br

EDITORA VOZES LTDA.
Rua Frei Luís, 100 – Centro – Cep 25689-900 – Petrópolis, RJ
Tel.: (24) 2233-9000 – Fax: (24) 2231-4676 – E-mail: vendas@vozes.com.br

UNIDADES NO BRASIL: Belo Horizonte, MG – Brasília, DF – Campinas, SP – Cuiabá, MT
Curitiba, PR – Fortaleza, CE – Goiânia, GO – Juiz de Fora, MG
Manaus, AM – Petrópolis, RJ – Porto Alegre, RS – Recife, PE – Rio de Janeiro, RJ
Salvador, BA – São Paulo, SP